読みなおす日本史

秀吉の手紙を読む

染谷光廣

吉川弘文館

目次

豊臣秀吉家系図

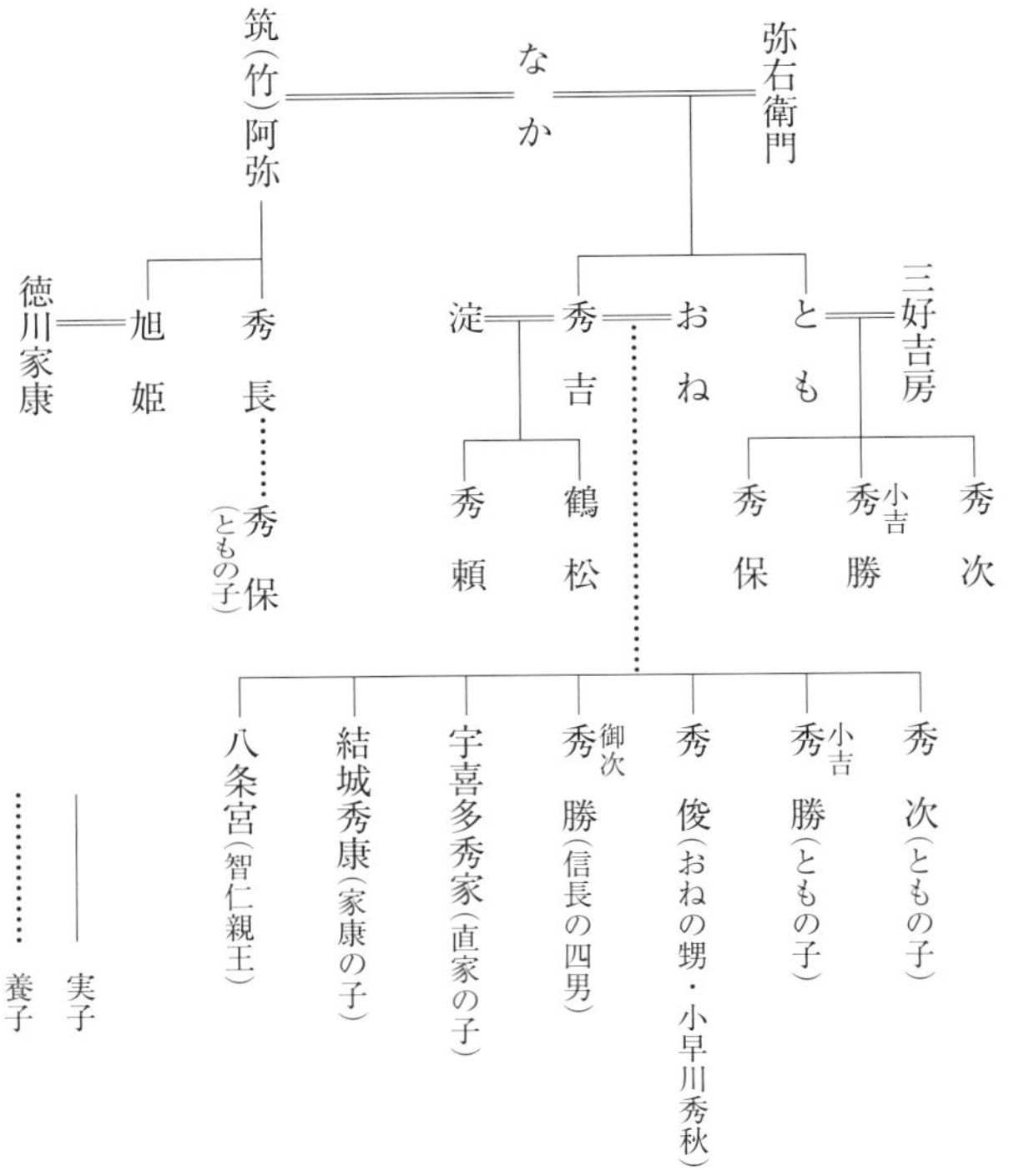

弥右衛門
なか
筑(竹)阿弥
三好吉房
とも
おね
秀吉
淀
秀長
旭姫
徳川家康
秀次
小吉
秀勝
秀保
鶴松
秀頼
秀保(ともの子)
秀次(ともの子)
小吉
秀勝(ともの子)
秀俊(おねの甥・小早川秀秋)
御次
秀勝(信長の四男)
宇喜多秀家(直家の子)
結城秀康(家康の子)
八条宮(智仁親王)
実子
養子

第一章　秀吉の実像を求めて

平成四年のＮＨＫ大河ドラマは、「信長」でしたが、これに関連して、ＮＨＫから、何か質の良いものを放送で読んでみたい、という話がありました。そこで、信長に直接仕えた体験を持つ太田牛一(1)の書いた、信長の一代記ともいうべき『信長公記』を読んでみました。これがＮＨＫラジオ第二放送の三十分番組として制作され、三十五回にわたって放送されました。

さて、今年平成八年の大河ドラマは、「秀吉」です。そこで、これに関連して、やはり何か質の良いものを読んでみたい、という話が再びありました。

ところで、秀吉について書かれたものといえば、まず、数種ある『太閤記』をあげることができるでしょう。中でも、小瀬甫庵(2)の『太閤記』が最も有名ですが、この作品は、秀吉の死後、二十七年ほど経た寛永二（一六二五）年に刊行されたものです。また、竹内確斎(3)が文を作り、岡田玉山(4)が絵を描いた『絵本太閤記』があります。極寒の日に、秀吉が信長の草履を、自分の懐の中で温めていた、という話は、この本に絵入りで書かれていますが、この本も秀吉の死後、二百年ほど経た享和二（一八〇二）年に完結した作品なのです。

つまり、これらはすべて、秀吉が死んでから書かれた作品なのです。秀吉の死後に書かれたものによっては、本当の秀吉の姿を認識することはできないでしょう。秀吉の真の姿をとらえるためには、秀吉の生きていた時代のものに拠らなければなりません。それならば、秀吉の生存中に書かれたものに拠れば、大丈夫かというと、それがそう簡単にはいかないのです。

例えば、秀吉の生存中に書かれた、あるいは、秀吉から書かされたといってよい、大村由己(ゆうこ)(5)の『天正記(てんしょうき)』という一連の軍記があります。この作品は、秀吉の生存中のものですから、もちろん、信憑性の高いものですが、同時にまた潤色や誇張も多く、書かれている事柄について、取捨選択という作業を忘れてはいけないわけです。

以上のように、わたくしたちが歴史事実、あるいは、歴史上の人物を認識するためには、いろいろな材料がなくてはなりません。これらを普通には、「史料」といっています。しかし、この「史料」には、質の良いものと、そうでないものがあります。そこで、最初にも述べたように、「質の良いものを読む」ということが、重要な意味をもってくるわけです。

それでは、秀吉を正しく認識する、あるいは、秀吉の実像を探求するには、どのような「史料」に拠ったらよいのでしょうか。

最初に、質の良い「史料」としては、まず、何といっても秀吉の文書(もんじょ)、簡単にいえば手紙のことですが、これがあります。これには、秀吉自筆の文書と、右筆(ゆうひつ)、つまり書記ですが、右筆の書いた文書があります。自筆の文書は、当然、秀吉が自ら筆をとって書いたものですが、右筆の書いた文書には、本文（もちろん日付やあて名を含みますが）を右筆が書いて、秀吉が署名の下に書く判（書判で、これを花押という）を書いたものと、本文をやはり右筆が書いて、秀吉の印章（はんこ）を捺した文書があります。それから、秀吉と右筆の共同の筆になる文書、これには興味深い文書が多いわけですが、このような形の文書もあります。これらの文書は、具体例をあげて、次章以降で読んでみたいと思いますが、これらの秀吉の文書を理解することが、秀吉研究の第一歩です。また、秀吉と直接に交渉のあった人々の文書も、当然、秀吉の文書と同様に、重要な史料であることは、いうまでもないでしょう。

第二に、秀吉を知る質の良い「史料」としては、秀吉と同時代に生きていた人々の日記があります。この中には、秀吉と密接な関係にあった人々もいるので、秀吉の生々しい姿が、活写されています。例えば、公家の山科言継(6)の書いた『言継卿記』とか、言継の息子の言経(7)の書いた、『言経卿記』があります。両方の日記とも、原本が東京大学史料編纂所に残っており、すべてが刊行されています。また、京都の吉田神社の神主であった吉田兼見の書いた『兼見卿記』もあります。この日記も約半分ほど刊行されています。

このほか、秀吉時代の天皇は、正親町天皇と後陽成天皇ですが、その天皇の側近の女房衆の書いた『御ゆとのゝうへの日記』ですとか、勧修寺晴豊の『晴豊公記』(8)、西洞院時慶の『時慶卿記』(9)、多聞院英俊の『多聞院日記』(10)などの日記もあり、大部分が刊行済みです。

また、秀吉と接触のあった外国人宣教師の報告書なども残っています。これらの中には、日本側の史料にない興味深い記述もありますが、布教にあたって、異国にあって自分たちがいかに立派にやっているか、といった誇張された宣伝的な部分、あるいは、日本の習俗について、十分に理解していないことによる、誤った記述もないわけではありません。そこで、これらの報告書は、これらの点も勘案して、史料として採用しなければならないでしょう。

第三に、以上述べました文書や日記のほかに、前にも述べた、秀吉の軍記があります。中でも、大村由己の『天正記』や、太田牛一の『大かうさまくんきのうち』などは、作者が秀吉と直接につきあっていますから、取捨選択しながら利用すれば、有効な作品といえるでしょう。

以上のようなわけで、秀吉を知る史料としては、秀吉生存中の文書や日記、そして信用のおける軍記類を中心として、学習していくことが肝要であると考えます。

それでは、これらの史料を身近に見るには、われわれはどのようにしたらよいのでしょうか。それには、まず、日本史における根幹的史料集である、『大日本史料』という叢書を読むのが一番よいでしょう。

もう少し詳しく説明してみましょう。わたくしの勤務している東京大学史料編纂所では、勅撰の六つの国史、つまり六国史(『日本書紀』・『続日本紀』・『日本後紀』・『続日本後紀』・『日本文徳天皇実録』・『日本三代実録』)のあとを、時代的に引き継ぎまして、仁和三(八八七)年以後の日本歴史の編年による基礎史料集を、明治時代から出版しています。これが『大日本史料』です。つまり、日本において何年の何月の何日に何があったのか、という史実の決定を、根幹的な史料によって提示しているわけです。この叢書は現在までに、約三百冊以上が刊行され、第一編から第十二編までに時代区分がなされています。

ただいま、わたくしの所属しています第十編という編は、永禄十一（一五六八）年の織田信長の上洛から、天正十（一五八二）年の本能寺の変までの時代の担当ですので、ちょうど、信長の時代にあたります。わたくしも、この業務に従事しまして、三十二年ほどになりますが、この間、共同編纂事業として、『大日本史料第十編之十二』から『大日本史料第十編之二十二』まで、十一冊の出版に関与しました。そういった関係で、一般の方々よりも、信長や秀吉の関係史料に直接に接する機会が多いわけです。ところで、秀吉の死は、慶長三（一五九八）年八月十八日ですから、秀吉の関係史料を見るには、『大日本史料』の第十編とこれを引き継ぐ第十一編の刊行されている部分を参照することが、必要とされます。

次に、一例をあげて具体的に、この『大日本史料』を読んでみましょう。

天正元（一五七三）年八月二十七日の条ですが、この日の条は、『大日本史料第十編之十七』に収録されています。この日の綱文（こうぶん）、これはその日の史実を簡略に要約したものですが、その綱文に、「信長、下野守（しもつけのかみ）浅井久政・備前守長政父子ヲ、近江小谷（おだに）城ニ攻ム、尋（つい）デ、久政父子、自殺ス、信長、浅井氏ノ分国ヲ羽柴秀吉ニ与フ」とあります。つまり、この日、「信長が浅井久政・長政父子を近江小谷城に攻めた。次いで、久政・長政が自殺をした。そこで信長は、浅井氏の旧領を羽柴（秀吉は、すでに木下姓を改めて羽柴を名乗っていた）秀吉に与えた」というのです。そこに、この秀吉に関係した重要な史実に関連した史料、それは、当時の文書や日記、それに軍記類や系図などですが、ここに集大成されています。さらに、浅井久政や長政の生涯を理解する関係史料が収録されていますし、もちろん、高野山持明院（じみょういん）の所蔵する、久政と長政の画像も、カラー写真で掲載されています。

ところで、このように、『大日本史料』が刊行されている日については、その日の条を参照すればよいのです。しかし、天正九（一五八一）年十月二十五日の条、この日、秀吉は、毛利輝元[11]の将吉川（きっかわ）経家（つねいえ）[12]の因幡の鳥取城を囲み、この城を陥しますが、この日の所の『大日本史料』は、まだ刊行されていません。けれども、『大日本史料』の刊行されていない部分は、同じく東京大学史料編纂所から刊行されている『史料綜覧』を参照すれば、宜しいわけです。この本は、『大日本史料』の綱文と、出典が明記されていますので、その出典を確認すれば、その日の歴史事実を認識することができるわけです。その出典も、岩波書店から刊行されている『国書総目録』を見ると、どこでその出典を確認できるのか、あるいは、すでに刊行されている本ならば、何を見ればよいのか、ということがわかるので、『大日本史料』の未刊の部分でも、大体のところは、理解することができるわけです。

それでは、『大日本史料』とその未刊部分の時代を、『史料綜覧』でカバーする。それで史実を認識することが十分なのか、というとそうではないのです。というのは、秀吉の時代に限っても、未だ知られていない史料もあるからです。また、文書にしても、年号の記されていない無年号の文書も相当数ありますので、それぞれの文書の年号を新しく推定し、新しい史実の決定という作業も、当然、必要となってくるからです。

以上のようなわけで、歴史研究の興味は、無限に広がっていくわけですが、とにかく、秀吉の実像を求める旅では、まず、秀吉の手紙を読んでみる、ということが、あくまで基本的な学習になりますので、今度の講座も、「秀吉の手紙を読む」ということにしました。

秀吉の手紙には、自筆のものが約百二十点、右筆の書いたものが、約一万点は越えるでしょうが、それらの中から、興味深いものを何点か選んで、ほぼ年代順に読みながら、秀吉の生涯というものを、考えてみましょう。新しい秀吉像に、少しでも近づくことができれば、この講座の意味があるのではないか、と考えています。

終わりに、秀吉の手紙に関する参考文献をあげておきましょう。

㈠『豊公遺文』(ほうこういぶん)　日下寛さんによる編の秀吉文書集で、大正三年に博文館から刊行されたものですが、現在では、手に入りにくい本でしょう。

㈡『豊大閤真蹟集』(ほうたいこうしんせきしゅう)　東京大学史料編纂所から、昭和十三年に刊行されたもので、秀吉の自筆文書約百二十点に加えて、秀吉の正室おね(杉原氏)、子供の秀頼、側室の淀殿(よどどの)(浅井氏)などの文書もあわせて、写真版と解説をつけた豪華本です。

㈢『太閤書信』　桑田忠親さんの書かれたもので、昭和十八年、地人書館から刊行されました。秀吉の文書百三十六通が、収められています。なお、この本は、平成三年に東洋書院から覆刻されています。

㈣『太閤の手紙』　桑田忠親さんの書かれたもので、昭和三十四年、文藝春秋社から刊行されました。のちに、角川文庫・文春文庫に収められました。

㈤『豊臣秀吉文書目録』　三鬼清一郎さんの編で、平成元年に名古屋大学文学部より刊行され、その後、補遺編も出ました。

㈥『秀吉権力の形成』　小林清治さんの書かれたもので、平成六年、東京大学出版会から刊行されました。秀吉文書の詳しい分析がなされています。

以上、秀吉研究の入門講座というべき立場から、述べてみましたが、次章からは、秀吉の文書に、直接に取り組んでみましょう。

第二章　秀吉の文書について

最初に、秀吉を認識する際の根本的な史料である秀吉の文書を、形式の上から、大まかに分類してみましょう。

(一)　自筆の文書

まず、全文を秀吉が自筆で書いた文書があります。これらの文書は、すでに述べました『豊大閤真蹟集』に、原寸大のものを含む文書の写真と解説がつけられ、全国に残っている秀吉の自筆文書約百二十点が、集大成されています。これらは、同僚や部下の武将、母である大政所（おおまんどころ）、正室のおね、息子の鶴松と秀頼、淀殿をはじめとする側室たちに与えた手紙で、興味深い秀吉の人間像に接することができます。このほかに、茶湯道具の書き立てや年貢の領収証、知行割り当てのメモなども、収録されています。

自筆の文書にこそ、秀吉の人物像がそのままに表現されているといえますので、これらの文書が、秀吉研究の最も貴重な史料であることは、いうまでもありません。

(二) 右筆の書いた文書

次に、右筆（ゆうひつ）の書いた文書があります。これには、二種類あって、まず、秀吉の花押のある文書があります。もちろん、自筆の文書にも、花押を書く場合がありますが、ここでは、本文を右筆が書き、秀吉が自ら花押を書いている文書を指すことにします。もう一種は、本文を右筆が書き、秀吉の印章（はんこ）である朱印が捺されている文書です。

(イ) 花押のある文書

まず、秀吉の花押のある文書です。ここで秀吉の花押の出来方を考えてみましょう。「秀吉」という名前を音（おん）で読みますと、「しゅうきつ」となります。この上の音「し」と下の音「つ」を組み合わせますと、「しつ」となります。この花押の作り方を、反切（はんせつ）といいますが、この「しつ」の音のある漢字を探すわけです。数種ある漢字の中から、秀吉の場合は、「悉（しつ）」の字が選択され、この字が図形化されて、秀吉の花押が作られたと考えられます。これは推測にすぎませんが、この「悉」の字を、「天下を悉（ことごと）くする」という意味に解釈してみますと、秀吉は若いときから大望を胸に秘めていた、と考えられますが、いかがでしょうか。

次のページに二つほど、秀吉の花押をあげてみました。右の花押は、『坪井文書』の永禄十一（一五六八）年十二月十六日付の文書に書かれた花押です。この文書については、全文を後に読んでみますが（「手紙番号④」四〇～四一ページ）、織田信長が足利義昭を奉じて入京した直後のものです。まだ、

秀吉の花押二種

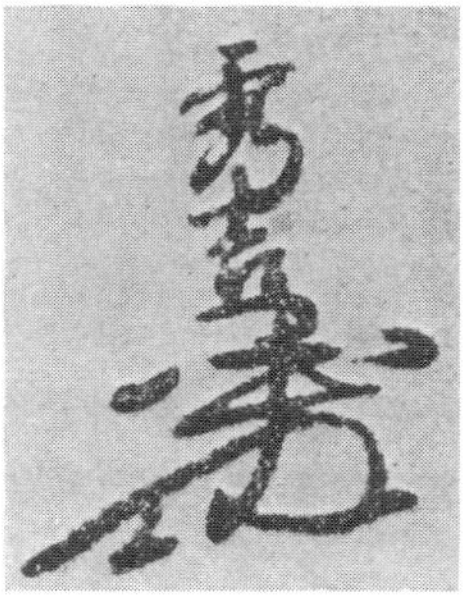

『坪井文書』より
永禄十一年十二月十六日付
（坪井鈴雄氏所蔵）

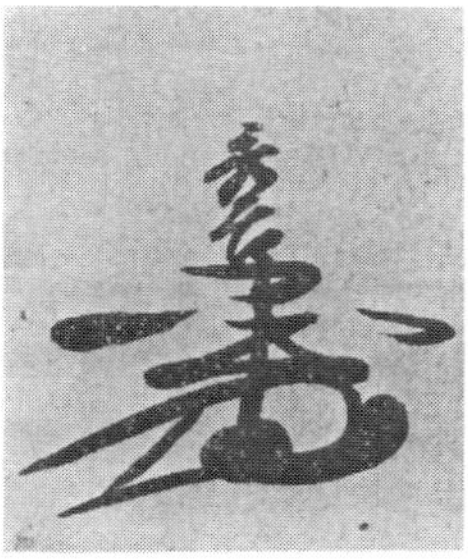

『毛利家文書』より
天正十一年五月十五日付
（毛利博物館所蔵）

たどたどしく、拙（つたな）い感じがするように思いますが、いかがでしょうか。時に秀吉、三十二歳でした。

　左の花押は、『毛利家文書』の天正十一（一五八三）年五月十五日付の文書（「手紙番号⑮」一四二〜一四五ページ）に書かれた花押です。こちらの方は、右の花押より堂々としており、形が整っていることが、理解されることと思います。これは、秀吉がすでに明智光秀を滅ぼし、秀吉の最大のライバルであった柴田勝家を討った直後の文書に書かれた花押ですので、その雰囲気が表現されているのではないでしょうか。このとき、秀吉は四十七歳でした。これ以後、一層ダイナミックに書かれた花押の文書が、続きますが、秀吉の生涯を象徴しているように思われてなりません。

　信長は、自分の花押には気を使い、約十五種の花押を使い分けていましたが、秀吉の花押は、形としてはこの一種類だけです。もっとも、初期の花押には、写真右側の『坪井文書』の花押のように、花押の下半分の部分に、不連続の一画があり、永禄十二（一五六九）年ごろまでは、この花押を書いていますが、とにかく同型の花押と

秀吉の朱印二種

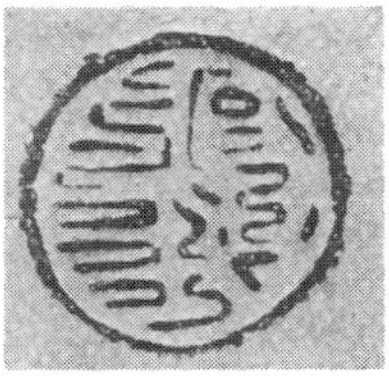

円形の朱印

方形の朱印（尊経閣文庫所蔵文書より）

してよいでしょう。秀吉は一生、終始一貫してこの花押を使いましたので、花押の変化ということからみると、信長に比べて、ものにあまりこだわらない、といった性格であったように思われます。

(ロ)　朱印のある文書

次に、右筆の書いた文書に花押がなく、朱印が捺された文書があります。秀吉には、黒印が捺された文書はありませんが、朱印には、二種類あります。

右側の朱印は、直径約三・九センチの円形のものです。印文は、「龍」の字を彫ったという説もありますが、明らかではありません。この当時、明から輸入された生糸の糸荷に捺されていた印を「糸印」といいますが、その糸印ではないかともいわれています。

左側の朱印は、日本に三つほどしか例がなく、わずかに外交文書などに見えるものです。ここにあげたのは、尊経閣文庫所蔵の文書に見える一辺約八・七センチの見事な大きさの方形の金印で、中に、「豊臣」の二字が彫られています。これは、秀吉の姓ですから、ごく自然で、他の武将と異なり、印文に自己の主張や理想を入れていないところに、秀吉の特色があります。ちなみに、信長の印章の印文は、「天下布武」、つまり、「天下に武を布く」とあるのが有名ですが、家康の印文には、「福徳」とか、『論語』からとった「忠恕」などもあります。また、上杉謙信の印文などには、「勝軍地蔵」や「摩利支天」・「飯縄明神」といった、武運を守る地蔵菩薩や神の名を彫ったものもあります。外にもいろいろと特色のある例がありますが、とにかく、秀吉の場合は、あまり儒教的な、あるいは、宗教的な匂を感じさせないところが、特色でしょう。

さて、印文「豊臣」の朱印の例は少ないのですが、この「豊臣」印以外は、すべて円形の朱印が使用されています。円形の朱印が使われるようになるのは、秀吉が天正十一（一五八三）年四月に、柴田勝家を滅ぼした後、間もなくですが、秀吉はこの朱印を一生使います。

ところで、秀吉の地位の向上とともに、文書の料紙、つまり紙、これが一層大きくなっていきます。

例えば、この文書も後に読んでみたいと思いますが、天正十六（一五八八）年閏五月十四日付で、島津義弘に与えた佐々成政の追放状（「手紙番号⑰」一六四〜一七七ページ）の原本が、東京大学史料編纂所にあります。この料紙の大きさは、縦が四十六・二センチ、横が何と二メートル二十七センチもあります。そこに、小さな直径約三・九センチの秀吉の朱印が捺されています。わたくしは、この原本をはじめて見たときに、やや異様な感想を持ちましたが、と同時に、印章などには、あまりこだわらない秀吉の大らかな性格が、表現されているように思いました。秀吉の政治のやり方は「形式ではない、実行である」といったような主張がきこえてくるように思いました。

ところで、花押は、秀吉自らが書くわけです。これが大原則ですが、朱印の方は自ら捺したのでしょうか。現在の天皇の場合、「天皇御璽（てんのうぎょじ）」と彫られた朱印がいろいろな政令に捺されますが、これは侍従の方が捺されるわけです。けれども、秀吉の場合は、何ともいえません。もちろん、秀吉も捺したでしょうが、同日付で多数の文書が出される場合もありますので、この朱印は、右筆、あるいは、側近の者が捺している可能性もあるわけです。しかし、どのような場合であれ、秀吉の命令によって出される文書ですから、秀吉が目を通していることに間違いはないでしょう。たとえ、目を通していなくとも、内容は頭の中に入れておかなくては、政治はできませんから、当然、そのくらいのことはやっていたでしょう。

さて、円形の朱印の捺された文書には、いろいろと興味深い事実があります。

例えば、秀吉が死んだ後までも、この朱印が使われた文書があります。秀吉は、慶長三（一五九八）年八月十八日に没しますが、七日後の八月二十五日付の朱印状が、『島津家文書』にあります。この文書は、島津義弘にあてて、使者を遣わして朝鮮に在陣中の将士を労（ねぎら）ったものですが、秀吉の死によって、出陣中の将士が動揺しないように、秀吉の側近衆の手によって、秀吉が生きている立場で出された文書、といってよいでしょう。

ところで、武田信玄の場合ですが、信玄が使用した数種類の朱印の中で、信玄の実名である「晴信」と彫られた朱印は、信玄の死んだ天正元（一五七三）年四月十二日以後も、使われています。これは、信玄の死を隠すという戦略上の必要性もあったと考えられますが、実例によりますと、信玄の死後、数年間、信玄の息子の勝頼が使用しています。そのようなわけで、秀吉や、信玄が死んだ後に使われた朱印のある文書があっても、決して偽物（にせもの）ではないわけです。それぞれに、その背景を理解しなくては、いけないわけです。

さて、これから順次、秀吉の花押や朱印のある文書を引用してゆきますが、形式上から見てみますと、この花押や朱印は、日付の下にあるのが、普通の形です。ところが、ここに、この形式と異なった文書がありますので、次に引用してみましょう。朱印のある位置に注意して下さい。文書の最初に朱印があります。『溝口（みぞぐち）文書』にあるものです。なお、漢文体の史料は、読み下し文としました。今後、引用する史料の場合も同様とします。

（秀吉）
（朱印）
賀州江沼郡幷（ならび）に能美郡両郡の内を以（もっ）て、四万四千石宛行（あてがいおわんぬ）畢、但し、目録は別紙にこれあり、全く領知すべきの状、件（くだん）の如（ごと）し、

天正拾三　　　　　　　　　　　　（丹羽）
　　　　　　　　　　　　　　　　羽柴五郎左衛門尉

五月九日　　　　　　長重（花押）
溝口金右衛門尉殿（秀勝）

この文書は、天正十三（一五八五）年五月九日付で、羽柴五郎左衛門尉長重（ながしげ）、すなわち、丹羽（にわ）長重から家臣溝口（みぞぐち）金右衛門尉秀勝に与えたもので、加賀（石川県）江沼郡と能美郡の内で、四万四千石の所領を与え、その領有を保証したものですが、文書の袖（そで）、つまり右端に、秀吉の円形の朱印が捺されています。普通は、日付の下に捺されるはずの朱印が、どうしてこのような位置に捺されているのでしょうか。

実は、これにはそれなりの理由があるのです。この文書の日付は、天正十三年五月九日ですが、この年の四月十六日に、丹羽長重の父である丹羽長秀（ながひで）が死にます。長秀は、秀吉の先輩にあたる人で、信長に仕えて活躍した人物です。信長が亡くなってからは、秀吉の配下に入り、越前北の荘（えちぜんきたのしょう）（福井市）の城主でした。その長秀が死に、長重が父の跡を継ぐことになりましたが、まだ、このとき十四歳です。そこで、襲封後間もない幼少の長重に対して、秀吉がこれを保護し、長重の命令に権威をもたせるために、文書の袖に自分の朱印を捺してやったわけです。秀吉の心遣いが、ご理解いただけましょう。長重は、これからまもなく、独力で文書を出すようになりますが、この辺のところは、秀吉も十分に考えていたわけです。ほかに宇喜多秀家(13)に対しても、秀吉は同様なことをしています。

ところで、本文を右筆が書いた文書でも、秀吉の花押のある文書と、秀吉の朱印のある文書では、どこに相違があるのでしょうか。これは、花押が秀吉自身の手によって書かれるわけですから、朱印のある文書よりも、花押のある文書の方が、当然、相手に対して丁寧ということになります。しかし、花押が書けない事情のある場合もありますので、その背景を理解しなくてはいけないでしょう。

例えば、京都の三千院所蔵の文書に、天正十三（一五八五）年閏八月五日付で、梶井宮最胤(さいいん)法親王にあてた秀吉の朱印状があります。その内容は、秀吉が佐々成政を降伏させたことを知らせたものですが、その一節に、「近日、目を相煩(わずら)い候間、直判(じきはん)に非ず、朱印に候」とあります。秀吉は、「近ごろ、目を煩っているので、直判（花押）を書かずに、朱印のある書状を差し上げます」と言っています。あて名の最胤法親王は、伏見宮邦輔(くにすけ)親王のお子さんで、このときの天皇正親町(おおぎまち)天皇の御猶子(ゆうし)となっておりますので、秀吉も敬意を表し、花押を書いて出すべき書状を、朱印ですませている理由を説明しているわけです。

さて、文書を差し出す人の花押、これは、本人が書きますので、いわば「お墨付(すみつき)」であるわけです。もっとも、この花押の形を印鑑にした「花押印」も、当時の人々に使用例がありますが、秀吉の場合には、これがありません。それで「お墨付」である花押が、尊重されたわけです。源頼朝の御家人の筆頭であった千葉常胤が、頼朝の花押が書かれていない、頼朝の家臣たちの花押のある文書では不服で、頼朝自身の花押が書かれた文書を要求した話が、『吾妻鏡(あずまかがみ)』[14]の建久三（一一九二）年八月五日の条に見えます。これが、当時の人々の「花押」に対する感情であったわけです。

また、花押の書かれていない秀吉の文書もあります。福井県の宝慶寺には、天正元（一五七三）年九月九日付で、明智光秀・羽柴秀吉・滝川一益（かずます）の三人が、連名で同寺に寺領百石を安堵（あんど）した文書があります。この文書には、秀吉の花押だけが書かれていません。これは、秀吉が浅井氏の小谷城攻略のために、近江（滋賀県）に出陣中であったことによります。秀吉の花押のない、この文書も、決して偽物ではないわけです。

以上のように、右筆の書いた秀吉の文書にも、それぞれ形の上からも意味がある点を、ご理解いただきたいわけです。

(三) 右筆書きと自筆の混じった文書

さて、秀吉の花押や朱印についての話が長くなりましたが、終わりに、右筆の書いた部分と、秀吉が自筆で書いた部分の両者から成る秀吉の文書を見てみましょう。

まず、例をあげましょう。『豊大閤真蹟集』に写真がある稲村正太郎氏所蔵の文書で、天正十三（一五八五）年十一月十七日付のものです。本文を右筆が書き、日付の下に、秀吉の花押が書かれています。そして、返し書き、この部分は念を入れて確認することを書く部分ですが、本文の前の部分に一段下げて書くわけです。この返し書きの部分が、秀吉の自筆で書かれています。この部分に、返々（かえすがえす）、其方なに事なく、こし候のたん、まんそく、なか〳〵申はかりなく候、此上わ、我等したいにかくこ（覚悟）あるへく候、其方くわいふん（外聞）あしきようにわいたし候ましく候、其心へ□□（候て）、両人（津田隼人正・富田知信）したいに可□（然カ）候、□（此）はしかき秀吉て□□□（手にて候）間、ミゑ申ましく候、以上、

とあります。

これはどういうことかといいますと、天正十三年十一月十三日、徳川家康の重臣である石川数正（かずまさ）が、三河（愛知県）岡崎を出奔（しゆっぽん）して、京都にいた秀吉の許（もと）に身を投じる、大事件が起こります。実は、この文書の宛書は、故意に切断されていますが、内容から、その四日後の十一月十七日付で、秀吉から数正に与えられた文書であることが、わかります。

秀吉は数正に、右筆の書いた部分で、適切な処置をアドバイスするとともに、返し書きの自筆の部分で、「その方（石川数正）が無事に、こちらへやってきたことは、満足この上ない。この上は、すべて秀吉に任せるよう覚悟なされよ。その方の外聞が悪いようにはしない。その点を心得られ、私の使いの津田隼人正と富田知信の申すようになされよ。この返し書きの部分は、秀吉が自筆で書いたので、見えない、つまり読みにくい所があるでしょう」と書いているわけです。事件が事件だけに、数正の身分を保証するために、わざわざ自筆で書き、安心させてやっているわけです。自分の生涯を秀吉に託した、かつての家康の重臣の数正の気持ちを思いやる、秀吉のタイミングの良さとその的確な処理、さすがに秀吉だ、というべきでしょう。

このような例は、秀吉の外の文書にもありますが、以上、秀吉の文書を、形式を中心として眺めてきました。注意深く観察しますと、さまざまな秀吉の配慮が、いろいろな形で文書に反映しているという事実が、ご理解いただけたと思います。

第三章　原本の手紙を読むということ

まず、最初に、秀吉の本物の自筆の手紙を、三通ほど、例をあげて読んでみましょう。原本をお見せできないのが、残念ですが、『豊大閤真蹟集』からの写真によれば、原本の雰囲気は、十分に味わえることと思います。「書は人なり」といいますが、秀吉の自筆の手紙から、皆さんは、どのような人としての秀吉を、想像できるでしょうか。

以下、順次、秀吉の手紙に番号をつけて読んでいきます。

「手紙番号①」（二六〜二七ページ）は、秀吉から、秀吉の正室おね（杉原氏）の侍女の五さという人に与えた、益田孝氏所蔵の自筆の消息（しょうそく）です。消息とは、仮名文字で書かれた手紙のことをいいます。変体仮名で書かれています。行変えは、紙面の許す範囲で原本のままとしてありますので、それぞれの行を参照して下さい。原文に読点はありませんが、読みやすくするため読点をつけました。以下同様です。

あて名の「五さ」という女性は、秀吉の妻おねに仕えていた侍女です。といいますのは、京都の高台寺、ここは、おねが秀吉の死後、出家をして、秀吉の冥福を願い創建したお寺ですが、この高台寺

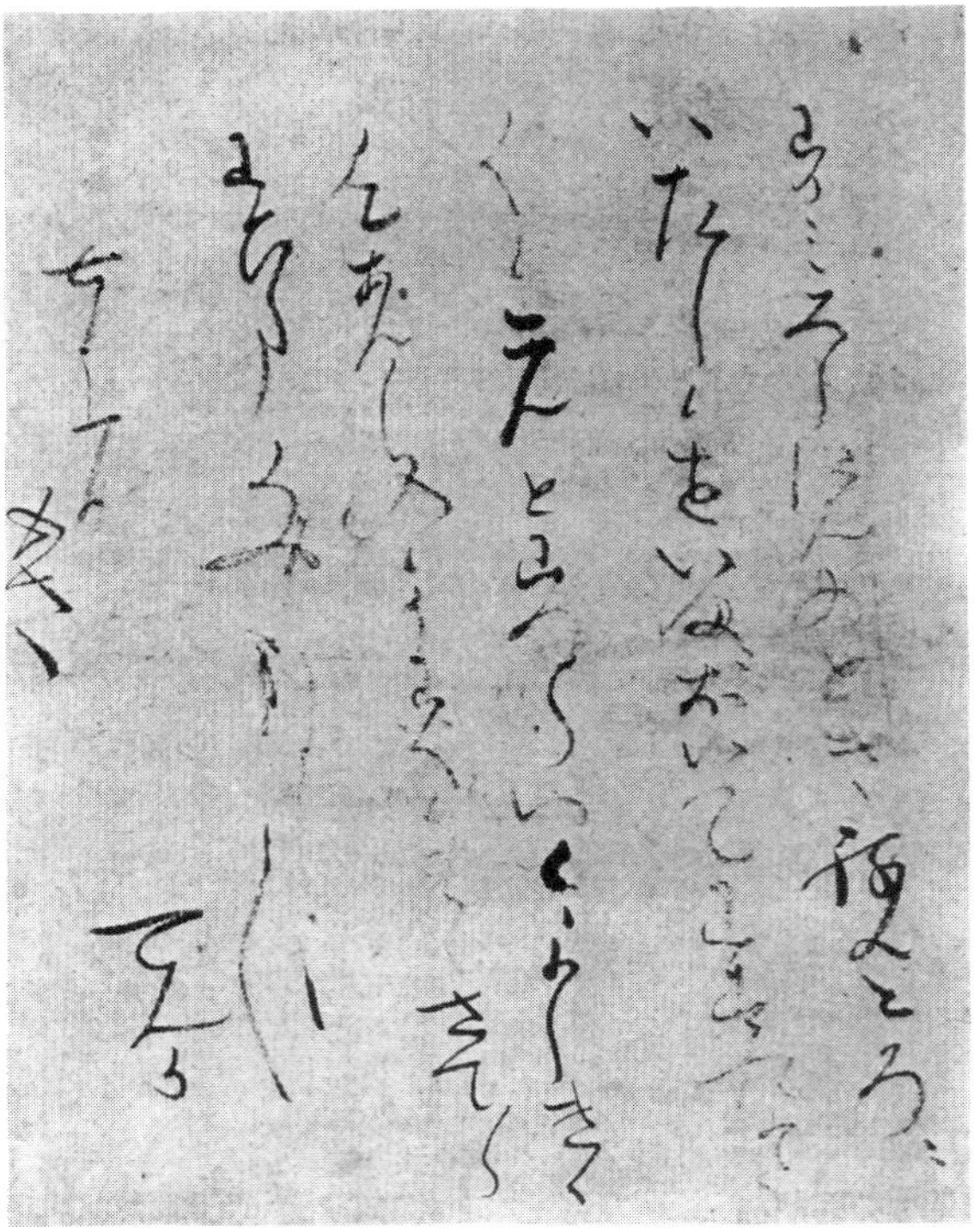

〔手紙番号①〕益田孝氏所蔵（『豊大閤真蹟集』より）

〔手紙番号①〕（『豊大閤真蹟集』より）

わかミろうにん（牢人）のとき、ねんころ（懇）ニ
いたし候を、いまニおいてわすれかた
く候、こんとわつらい候よしき〻
候て、あんし入候、かわいく候ま〻、さて〱
わひ事文まいらせ候、かしく、
七月一日　　てんか
五さ

にある秀吉の文書から、侍女であると理解されます。この侍女の病気を、秀吉が見舞ったわけです。秀吉は、「自分が牢人をしていたときに、懇ろにしてくれたことを、今において忘れがたく思っています。今度病気だということを聞いて、心配しております。可哀相に思いましたので、見舞いの手紙をまいらせます」、と言っています。

差出人のところに、「てんか」とありますが、これは、「関白殿下のことで、秀吉は、天正十三（一五八五）年七月十一日に、関白になっていますから、関白になってから後の文書ということになります。もっとも、別の文書では、秀吉はこの「てんか」を、「天下」とも書いています。ただし、この当て字が書かれた文書の原本はなく、すべて写ですので、何ともいえませんが、このように、「てんか」が「天下」と変化した可能性も考えられます。

ところで、この文書には、秀吉という署名もなく、秀吉の自筆ということも、明らかではありません。わずかに、「てんか」という言葉から、秀吉の文書ということを推定しているわけですが、どうして、秀吉の自筆の文書だということが、わかるのでしょうか。このことは、実は、確実に「秀吉」と署名されている秀吉の自筆の文書、あるいは、署名とともに秀吉の花押のある自筆の文書と、筆蹟が全く同じであることから、この「てんか」とだけ署名されている文書が、秀吉の自筆の文書である、と判明できるわけです。

とにかく、短い手紙ですが、秀吉が「ろうにん」から「てんか」へ、つまり牢人から関白になったという、その生涯を象徴しているようです。また、かつて受けた昔の恩を忘れない、人間味豊かな人物であったことを、十分にうかがわせる、自筆の文書の逸品といってよいでしょう。この文書は、秀吉の文書の中でも、わたくしの好きなものの一点で、時折、写真を眺めながら、秀吉の生涯に、思いをいたしているわけです。

次に、もう一通読んでみましょう。

「手紙番号②」（三〇〜三二ページ）は、秀吉から、加賀殿（前田氏）にあてた消息です。あて名の「まあめの」とあるのは、まあの乳人（めのと）という意味ですが、乳人の名をかりて、まあに与えた手紙であるわけです。まあは、のちに、秀吉の側室となった加賀の国主前田利家の三女で、普通には、加賀殿と呼ばれている女性です。

秀吉は、「先日は、おざなりの義理の手紙をもらった。きっと、上洛したばかりで、京都見物に忙しいことだろうから、恨みには思っていない」と述べ、返し書きの部分で、「ちくせん内」、これは、ちくせんは、利家が秀吉から与えられた称号の筑前守のことで、内（うち）はその妻ということですので、利家の妻高畠氏のことですが、この方に、「事伝（ことづて）を申します」、と言っています。

秀吉と、このまあ、漢字では「麻阿（まあ）」と書きますが、まあ姫との関係は、天正十三（一五八五）年八月、秀吉が越中（富山県）の佐々成政（さっさなりまさ）を降した後に、恐らく利家の人質として、秀吉に差し出された、と考えられます。そして、翌天正十四年に、まあ姫が上洛し、その年の五月二十七日に、秀吉か

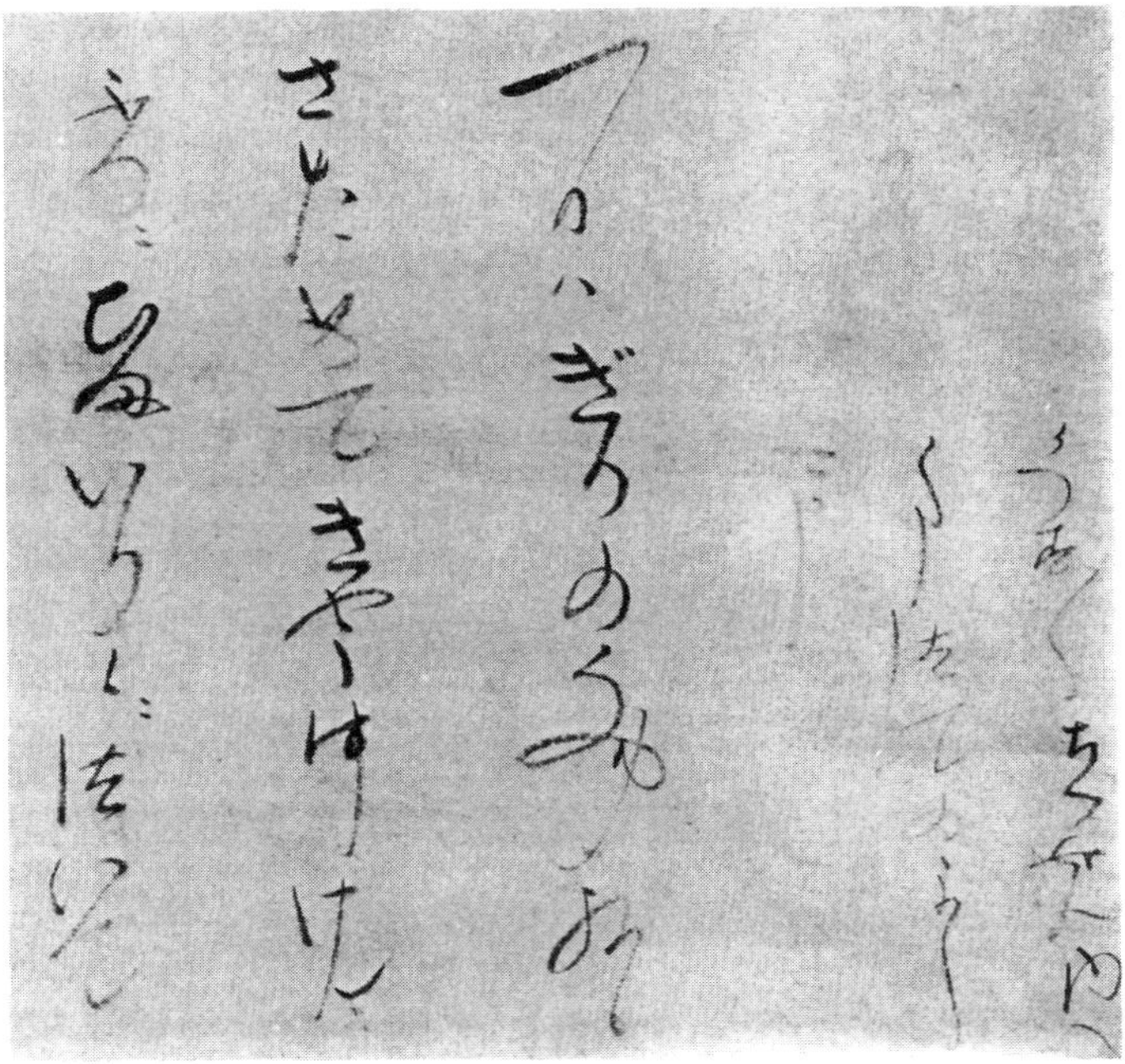

〔手紙番号②〕保坂潤治氏所蔵（『豊大閤真蹟集』より）

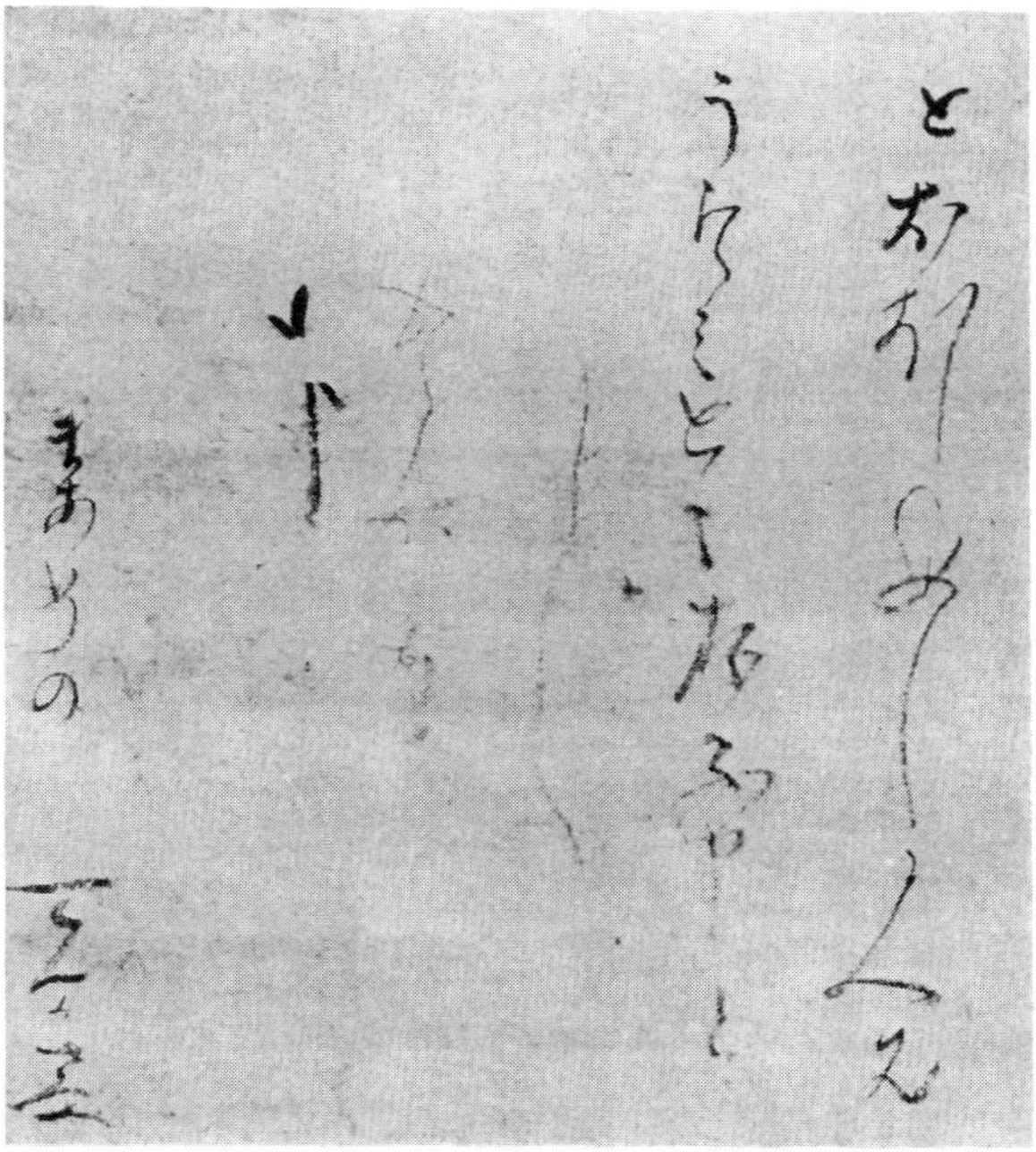

〔手紙番号②〕（『豊大閤真蹟集』より）

かへす〳〵、ちくせん（筑前）内へ
事つてのよし、
可レ申候、
一日ハぎり（義理）の文給候、
さためてきやう（京）中けん（見）
ふつ（物）ニ、ひまいり候ニついて
と、おほしめし候へは、
うらミとも存不レ申候、
かしく、
（天正十四年）五月廿七日
「（墨引）」
まあめ（乳母）の　　てんかさま

らまあ姫に出されたのが、この手紙です。時に、まあ姫は十五歳でした。秀吉は、このとき、もちろん数え年ですが、五十歳ですから、両者はいわば、養父と養女といった間柄であったわけです。

そのまあ姫が、秀吉に手紙を出しました。ところが、あまり色好い返事でなかったのでしょうか。秀吉は、「ぎりの文」と言っています。一体、かな文字には、濁点をつけないのが普通ですが、この文書では、明らかに、「ぎ」となっています。まあ姫の手紙を、「義理の文」と表現して、十五歳の少女を、一人前の女性として扱って、拗ねている秀吉の様子がうかがえます。そして、署名の部分はいかがでしょうか。「手紙番号①」の署名は、「てんか」ですが、ここでは、「てんかさま」です。自分のことに、敬称をつけるとは、一つのご愛敬でしょう。

ちなみに、このまあ姫は、秀吉の死ぬ慶長三（一五九八）年三月十五日に行われた、醍醐寺三宝院での花見の会では、太田牛一の『大かうさまくんきのうち』によれば、淀殿（浅井長政の女）、松の丸姫（京極高吉の女）、三の丸殿（信長の女）に続いて、輿の順序では、側室の第四番目に登場してきます。時に、まあ姫は、二十七歳に成長していました。

終わりに、もう一通読んでみましょう。

「手紙番号③」（三四〜三五ページ）は、秀吉から、次男である秀頼（幼名拾）に与えた消息です。あて名の「ひろい（拾）」は、秀頼の幼名です。ひろいは、文禄二（一五九三）年八月三日の誕生。慶長元（一五九六）年十二月十七日、元服して秀頼と名乗りますから、この間の文書です。

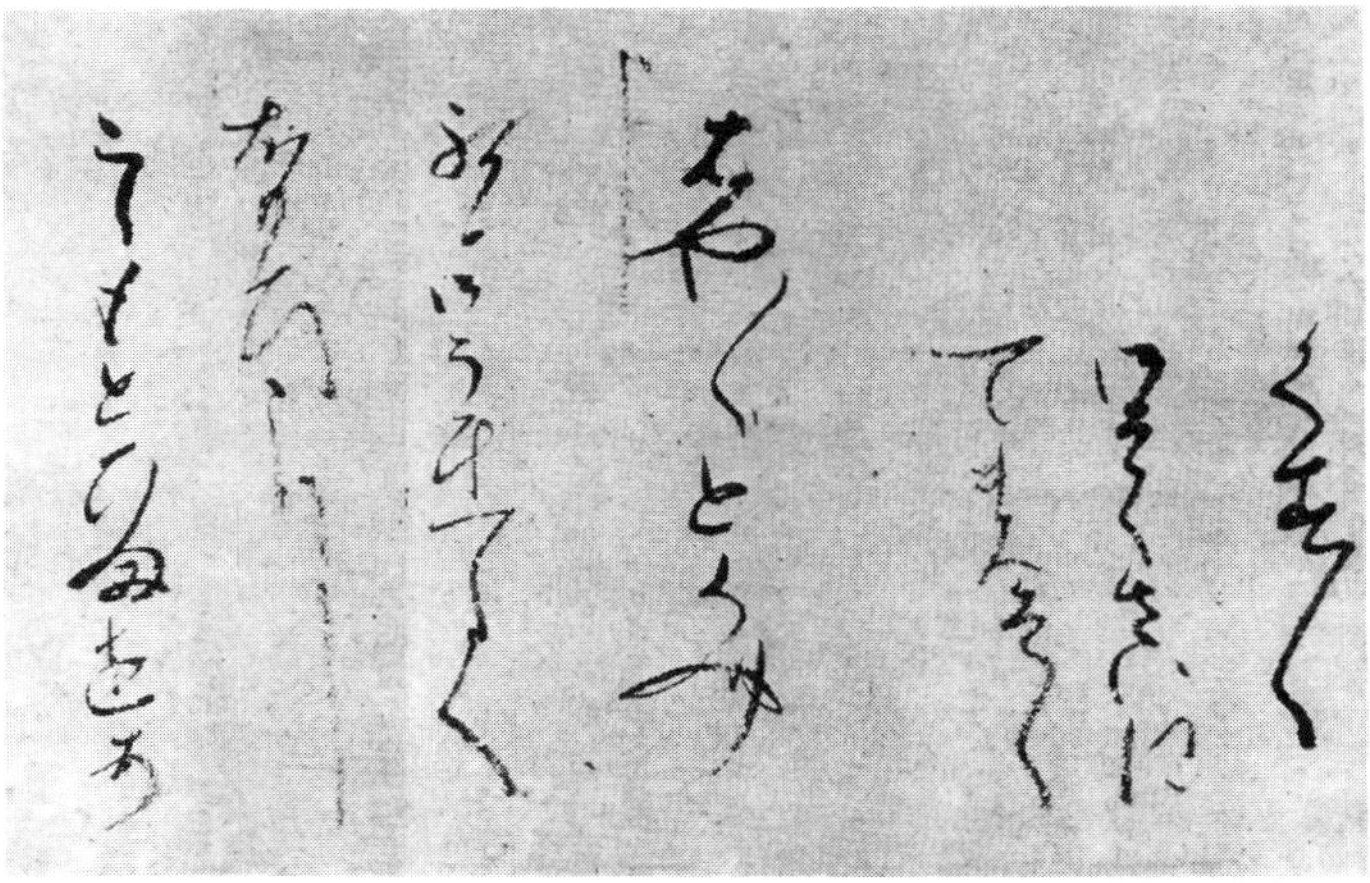

〔手紙番号③〕馬越恭一氏所蔵（『豊太閤真蹟集』より）

〔手紙番号③〕（『豊太閤真蹟集』より）

かへす〳〵、
御そくさいに
て、まんそく
申候、
はや〳〵と文
給候、御うれしく
おもひまいらせ候、

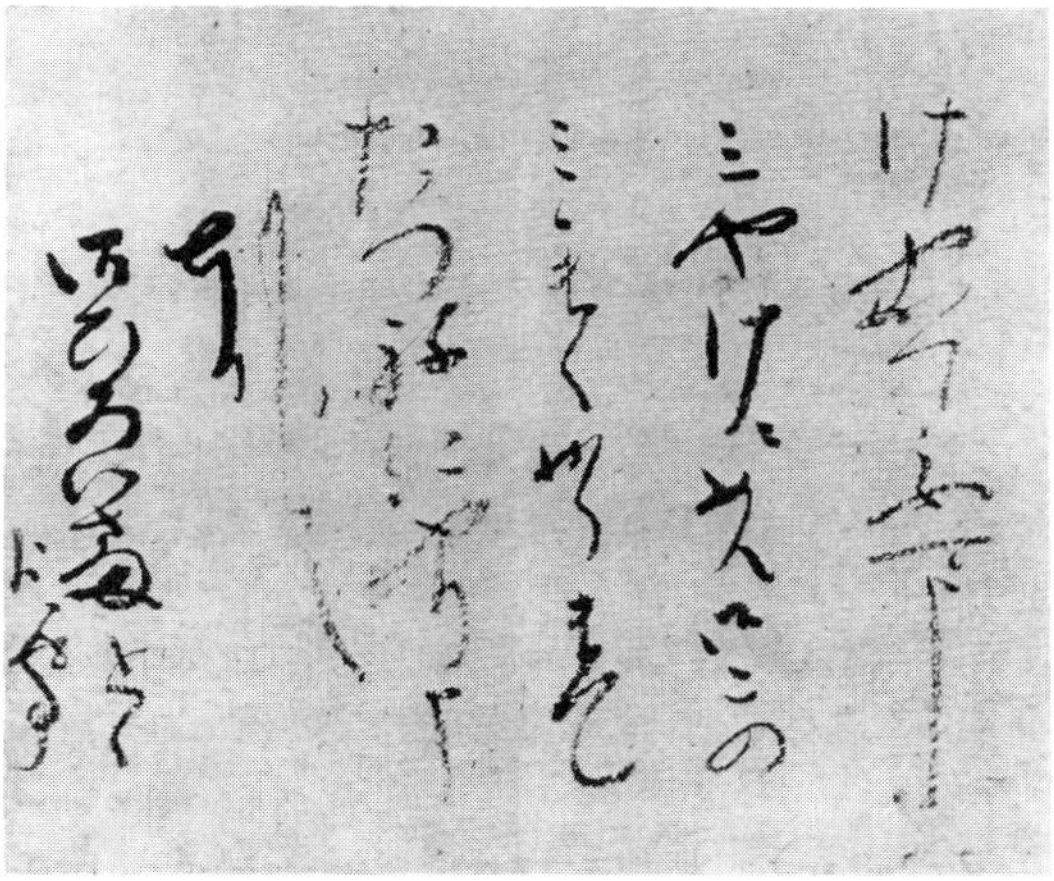

こゝもとひまをあ
け、やかて参可レ申候、
ミやけ(土産)ニめん(面)御この
ミ候まゝ、から(唐)まて
たつねにやり申候、
かしく、

七日

御ひろいさま　と、(父)

まいる返事

秀吉は、「早々と手紙をいただきました。嬉しく思います。こちらの暇をみて、やがて参りましょう。土産にお面が好きだというので、唐〔から〕（中国）まで捜しにやりました」といい、返し書で、「お元気の様子で、満足しております」、と書いています。

秀吉は、長男の鶴松を三歳で亡くし、五十七歳で授かった次男ですから、全くの親バカになっています。署名には、「と、（父）」とあり、また、あて名は、「御ひろいさま」とあります。何とも微笑ましい限りです。

以上、三通ほど、秀吉の自筆の手紙を読んでみました。変体仮名が多く使われていますが、その読み方は、書道辞典などに、変体仮名の一覧表がのっていますので、参照して下さい。また、「まいらせ候」ですとか、文末のきまり文句「かしく」などは、文字というよりも、図形化されていますので、これらは、そのまま覚えて下さい。

ところで、人間にはそれぞれの人に、独特の筆蹟があります。このことは、皆さん一人一人にも、当てはまるでしょう。秀吉の場合は、どうでしょうか。あるいは、すでに、「手紙①②③」に共通している独特の文字に、気づいた方もいるでしょう。例えば、「文〔ふみ〕」という文字です。いかにも、秀吉らしい「文」という字だ、と考えますが、印象はいかがでしょうか。

さて、秀吉の筆蹟につきましては、それぞれ、いろいろな方が、それぞれの見解をお持ちですが、高柳光壽〔みつとし〕さんは、次のように述べています。

「秀吉は、筆蹟もまた見事である。彼の文字は、師匠についた習字の上でき上ったものではない。だから、普通の概念からいえば、決して上手ではない。けれども、自由なところ、形を離れたところ、自信に満ちているところに、酌めどもつきぬ雅味がある。余韻がある。北条早雲や毛利元就の筆蹟は、全く事務的な、それである。武田信玄は、禅僧風の唐様の文字を書いて、相当修養の跡を見せており、上杉謙信は、養子の景勝に手本を書いてやっているほどで、筆蹟はよほど自慢であったらしく、一通り青蓮院流の形の整った字を書いているが、信玄にしても、謙信にしても、ともに規格の中にちぢこまっているだけで、味というものがない。貧弱とさえいえる。それが秀吉になると、日本国に夜が明けたという感じである。これはひとり彼の政治的な行動ばかりではない。書状がそうである。筆蹟がそうである。何と朗らかなことよ、といいたくなる。やはり、人間の力だと思う。古今の絶品とさえいえよう。」(『戦国の人々』春秋社、初稿「人間秀吉」「日本歴史」四十四号)

とあります。

高柳さんは、わたくしの恩師にあたります。決して依怙贔屓で言っているわけではありませんが、わたくしは、秀吉の筆蹟について、これほど、見事に表現された文章を知りません。恐らく、高柳さんが自ら中心となって、『豊大閤真蹟集』を刊行され、自筆を含む多くの秀吉文書の原本に、接した体験からの発言と考えられます。

ところで、同じ文書に各人が接して、そこから何を得、何を感じ取ることができるのか。それは、「すべての人自身の体験の集積によるのであり、活字で文書に接しても、部分的にしか体得はできない。原本に接しなくてはならぬ」とは、やはり、高柳さんの主張でありました。

信長の生存中から、秀吉に何度か面会している毛利氏の客僧安国寺恵瓊（あんこくじえけい）は、秀吉を評して、「悲惨な苦労を体験されたので、世の中のことは、すべてご存知の人物」と言っています。われわれが、自ら秀吉と同じ体験をすることはできないでしょうが、秀吉と同じ体験をするくらいの気魄（きはく）をもって、それは、どん底の人生から、天下人へのし上がる気魄ともいえましょうが、そのくらいの覚悟をもって、秀吉の文書を理解しなくてはならない、と自戒しているところです。

次章からは、いよいよ本論に入り、ほぼ年代順に、特色のある秀吉文書を、順次読んでいきたいと思います。

第四章　京都奉行の一員として

さて、いよいよ、ほぼ時代順に、特色ある秀吉の文書を読んでいきます。

現在、わかっている秀吉文書の初見は、永禄八（一五六五）年十一月二日付の、坪内利定に与えた証文（『坪内文書』）で、次は、六月十日付で丹羽長秀らとともに、佐々平太らに与えた連署状（『兼松文書』）が知られています。

この文書は、永禄十一（一五六八）年九月の信長の上洛以前の文書で、秀吉がすでに、信長の奉行の一員であったことが、わかります。

そこで、信長の上洛についてです。

信長は、永禄十一年九月二十六日、足利義昭を奉じて上洛し、同じ年の十月十八日、義昭が、室町幕府十五代将軍となります。ここで、義昭と信長の協力による新しい政治体制が成立し、世の中が大きく動いていくこととなります。

秀吉の事績が、明確になってくるのも、この年からです。太田牛一の『信長公記』（この本の原典からの引用は、池田家文庫本の『信長記』による）にも、秀吉がはじめて登場してきます。すなわち、

（六角）佐々木承禎父子三人楯籠（たてこも）られ候観音寺並に箕作山へ、十二日ニ懸上（かけのぼ）させられ、佐久間右衛門尉（信盛）・浅井新八・木下藤吉郎（秀吉）・丹羽五郎左衛門（長秀）、仰付けられ、箕作の城攻めさせられ、申剋（さるのこく）より夜ニ入り攻め落し訖、

とあり、信長の上洛に従った秀吉は、この年の九月十二日、六角（佐々木）承禎の属城近江（滋賀県）箕作（みづくり）城を、信長の重臣佐久間信盛[17]や丹羽長秀とともに、攻め落としたわけです。

信長は、この年十月二十二日、将軍となった義昭の饗宴を受け、同月二十六日、岐阜に帰るために、京都を出発しました。『多聞院日記』によれば、信長は帰国に際して、秀吉をはじめ、佐久間信盛や村井貞勝、丹羽長秀・明院良政ら五千人ほどを京都に残した、と見えています。

それでは、そのころの秀吉の活動を、次の文書によって見てみましょう。「手紙番号④」です。

〔手紙番号④〕（『坪井文書』）

今井宗久と武野新五郎（宗瓦）との公事（くじ）の儀、信長異見を申すと雖も、新五郎異儀に及ぶに依り、一円宗久に申し付けられ候、然らば今井御馳走あるべきの旨、申し入るべきの由に候、恐々謹言、

木下藤吉郎

（永禄十一年）十二月十六日　秀吉（花押）

中川八郎右衛門尉

重政（花押）

（坂井）好斎　一用（花押）

和田伊賀守

惟政（花押）

（久秀）松永弾正少弼殿

御宿所

この文書は、永禄十一年十二月十六日付で、木下秀吉・中川重政・坂井一用・和田惟政の四人が連名で、松永久秀[18]に与え、信長の命を伝えたものです。内容は、「今井宗久と武野新五郎、これは宗瓦という人ですが、この両者の訴訟については、信長が意見を申されたが、宗瓦がこれに従わなかった。そこで、すべてを宗久の勝訴とする。宗久が信長のために奔走するように申し入れよ、との信長の考えである」、というものです。

この訴訟事件の内容は、わかりませんが、これより前の弘治元（一五五五）年閏十月二十九日、堺の茶人で有名な武野紹鷗が亡くなります。それで息子の宗瓦と紹鷗の女婿でありました今井宗久との間で、遺産の件などでもめていたのでしょう。それを信長が決裁したわけです。この宗久という人物は、堺の納屋衆、つまり海岸に倉庫をもっていた豪商ですが、信長が上洛しますと、信長に帰順します。千利休とともに茶人としても知られている人物です。この宗久に、自分の書状の扣を書きました自筆の『今井宗久書札留』というものが、残っています。これによると、この訴訟事件の解決したのが、永禄十一年ですので、この無年号の十二月十六日付の文書の年代が、信長の上洛した年である、と推定できるわけです。あて名の松永久秀は、十三代将軍足利義輝を殺した張本人ですが、信長が上洛すると、信長に降ります。当時、京都や堺にも実力を持っていた人物ですので、久秀から宗久に、信長の命令が伝えられたわけです。

ここで、この信長の命令を伝達した文書に見える四人の顔ぶれを見てみましょう。中川重政は、系図では、信長の父信秀の弟信次の孫、ということになっていますが、とにかく信長の一族で、信長の奉行の一人です。坂井一用は、山科言継の日記『言継卿記』によると、姓を坂井といい、信長への取次役を務める奏者として活躍しています。当時の古文書によると、佐久間信盛ですとか、松井友閑[19]といった人物と同列の信長の奉行であったことが、確認されます。和田惟政は、近江（滋賀県）甲賀郡和田の豪族で、義昭を保護した人物です。義昭と信長との交渉にあたって功績がありました。そこで、義昭方の代表として、連署、つまり連名の一員に加わっているわけです。この文書は一例ですが、信長の上洛直後に、どのような人物が、信長や義昭の下で政治に関与していたか、ということを知ることができます。

さて、以上述べましたように、永禄十一年十月、信長は秀吉らに京都の留守を頼んで、岐阜に帰ります。が、翌永禄十二（一五六九）年正月になると、反信長分子であった三好長逸（みよしながやす）らが蜂起し、京都本圀寺（ほんこくじ）にいた足利義昭を攻撃します。信長は直ちに上洛して、反信長分子を掃蕩（そうとう）し、義昭の新邸を造営したり、内裏を修理して、同年四月二十一日、再び岐阜に帰ります。そこで、このとき、信長は自分の名代（みょうだい）として、京都に誰を残していったのか、ということが問題となります。

まず、小瀬甫庵の『太閤記』によると、

> 将軍義昭公、六条に御座有し時、三好が一党打囲み攻しか共、助の勢多して、囲を出給ひし後、洛（みやこ）の二条に信長公城郭（じょうかく）を構へ進せられ、御暇仰せ上られ、御帰陣有へきとの折節、公義（義昭）よりの御好に、大臣にして、武略の達者一人残し置れ候へと有しかは、信長公、委細其の意をえ奉ると宣ひつゝ、誰をか残しをかれんと有し時、各推察し云けるハ、大臣にも有、遠慮もふかゝりし人なれハ、佐久間右衛門尉信盛にてあらむか、左もなくハ、柴田修理亮勝家、丹羽五郎左衛門尉長秀にて有へきかなと思ひける処に、木下藤吉郎を残し置給へり、

とあります。数多くの信長の家臣の中から、ただ一人、秀吉が抜擢された、というわけです。

一方、『日本西教史』（日本におけるキリスト教布教の歴史を書いたもの）によると、

> 信長、尾張ニ帰ルニ臨ミ、和田殿（惟政）ヲ以テ、己ノ副将、即チ副王トナシ、己レ在京セザル時ノ、万端ノ政務ニ当ラシメントセリ、

とあります。こちらは、和田惟政が抜擢された、となっています。どうしてなのでしょうか。これは、惟政がキリスト教信者であったからなのです。

もちろん、信長の帰国後の永禄十二（一五六九）年閏五月二十五日付の、信長の命令で京都の東寺の寺領を安堵した文書は、秀吉が一人で出しています（『東寺文書』）。また、同年六月十五日付の、足利義昭の命令で京都の阿弥陀寺の寺領を安堵した文書は、惟政が一人で出しています（『阿弥陀寺文書』）。しかし、京都に残って、政務を担当した人物は、決して、秀吉や惟政だけではありません。「手紙番号④」で見ました中川重政や坂井一用もおりました。

もう一通読んでみましょう。「手紙番号⑤」です。

〔**手紙番号⑤**〕（『阿弥陀寺文書』）

当時寄宿等の事、御下知の旨に任せ、免除相違有るべからざる由候也、恐々謹言、

（永禄十二年）
十月九日

細川兵部大輔
藤孝（花押）

明院
良政（花押）

木下藤吉郎
秀吉（花押）

芝薬師
阿弥陀寺

文書の内容は、「阿弥陀寺に兵士たちが寄宿することを、将軍義昭の命によって、免除することに相違はない、ということである」という幕府の命令を、阿弥陀寺に、細川藤孝・明院良政・秀吉の三人が伝達しているわけです。ここには、細川藤孝（のちの幽斎）が登場しております。

藤孝は、十三代将軍義輝に仕え、松永久秀らによって義輝が殺されたのちは、弟の義昭に仕えます。この義昭は、当時は覚慶と名乗っており、奈良一乗院に幽閉されていましたが、永禄八（一五六五）年七月、藤孝らの尽力で脱出に成功します。これより、藤孝は、義昭の重臣として活躍してきます。この文書では、義昭方の代表として登場しているわけです。

次に、明院良政という人物です。良政は、永禄十一（一五六八）年九月の信長の上洛以前に、秀吉と同じように、信長の奉行の一員でしたが、信長の右筆でもありました。このことは、『言継卿記（ときつぐきょうき）』の永禄十一年十月二十一日の条に、「一、織田物書（ものがき）明院（良政）所へ書状、之を遣す」、つまり、「信長の右筆である明院良政に書状を遣わした」、とあるので、はっきりとします。もちろん、信長方の代表として、この文書に登場しています。いうまでもなく、秀吉も良政と同様の立場で登場しております。

以上のようなわけで、義昭が将軍であった時代には、義昭とその家臣、信長とその家臣の協力体制で、政治が行われていたわけです。

少々、煩雑となりましたので、もう少し整理をしてみましょう。

まず、義昭の家臣ですが、これまでの将軍と同じように、奉公衆や奉行衆がおります。

奉公衆というのは、将軍の直轄軍、つまり直属の部隊を形成しています。そして、将軍の御内書（将軍が直接に差し出す文書）に副える副状（侍臣が内容を詳しく説明するために副えた文書）を出す役目もします。また、将軍への取り次ぎ、つまり申次の役目もします。当時の古文書から、これらの人々をあげてみますと、飯河信堅・一色藤長・同治部大輔・同秋成・同昭秀・上野秀政・同信恵（のち信秀）・同豪為・大館昭長・同晴忠・曽我助乗・同晴助・中沢元綱・細川藤孝（のち幽斎）・真木嶋昭光・三淵晴員・同藤英・同秋豪・和田惟政といったような人々がおりました。

次に、奉行衆というのは、将軍の命令を伝える文書に、奉行人奉書という文書（将軍の命令を承って出す文書）を出している人々ですが、これも、当時の古文書によってあげてみますと、飯尾為清・同為房・同為忠・同貞遙（のち昭連）・同盛就・同浄永・同与左衛門尉・諏訪俊郷・同晴長・摂津晴門・中沢光俊・松田頼隆・同秀雄、といったような人々がおりました。

このほかに、幕府の政所の執事を務めた伊勢氏の一族ですとか、足軽衆ですとか、同朋衆（将軍、大名の側近として芸能や雑事をつとめた者）などが集まり、義昭の直臣団を形成していたわけです。

一方、信長の方ですが、やはり当時の古文書によって名前をあげてみますと、すでに何人かは取り上げましたが、林秀貞・佐久間信盛・柴田勝家・丹羽長秀・村井貞勝・中川重政・明智光秀・森可成・坂井政尚・蜂屋頼隆・明院良政・松井友閑・武井夕庵・坂井一用・大津長治・島田秀順（のち秀満）・塙正勝（のち直政）・菅屋長頼・毛利良勝・同長良、といった人々、そして、もちろん、木下秀吉もおります。

また、もう少しその地位は下がりますが、平古種豊・多田家次・森豊弘・落合長貞・伊藤実重・同実元・志水長次・奥村秀正・跡部秀次・織田吉清、といった人々もおります。

この中で、特に注目すべき人物は、やはり明智光秀でしょう。光秀は、明らかに信長の家臣ですが、義昭からも所領をもらっていたという微妙な立場の人物でした。このことは、後に詳しくお話しするつもりです。

以上のようなわけで、京都にあって政治に関与していたのは、『太閤記』にいう秀吉一人、あるいは、『日本西教史』にいう和田惟政一人、ということではありません。義昭とその家臣、信長とその家臣、これら多くの人々の働きによって、政治が行われていたわけです。

つまり、幕府の政令としては、原則として、幕府の方からは、将軍義昭の御内書や幕府の奉行人の奉書、信長の方からは、信長の朱印状や信長の部下の副状がともに出される、いわば、二重構造の政治形態であったわけです。もちろん、「手紙番号⑤」で見ましたように、義昭方の細川藤孝、信長方の明院良政と秀吉、といった双方の共同で文書が出される場合も、すでに見たところです。

しかし、間もなく、義昭と信長の衝突は、避けられなくなります。これは、信長は、あくまでも、義昭などは相手とせず、自らの政権を確固として樹立するという、大いなる決意をもっていたからなのです。

第五章　越前金崎城で殿を務めた秀吉をめぐって

さて、信長時代の秀吉について、もう少し調べてみましょう。ここで、秀吉と同時代の人々の手紙に書かれた秀吉を見てみます。

第四章では、永禄十一（一五六八）年・同十二年ごろの秀吉を見てみましたが、その翌年の元亀元（一五七〇）年に入ると、大規模な戦闘が各地で展開します。

この年の四月二十日、信長は、越前（福井県）の朝倉義景（あさくらよしかげ）を攻略するために、京都を出陣します。越前に入って、天筒山（てづつやま）城や金崎（かねがさき）城を陥落させて進軍しましたが、信長は縁者の浅井長政の離叛にあって、同じ月の三十日に、急きょ帰京しました。

このときに、長政に嫁していた信長の妹お市（いち）が、小豆（あずき）を袋に入れ、その両端を縛（しば）って信長に贈り、いわば袋小路にはまってしまった信長に、長政の謀叛を知らせた、ということです。さすがの信長も、これには涙ぐんだ、と『朝倉家記』に見えていますが、この本は、江戸時代の中ごろに書かれたものですから、あまり、信用はできません。

この信長の危機に際して、無事に信長の退却を成功させたのが、金崎城に残り、殿（しんがり）[20]を務めた秀吉だった、という話が、多くの本に書かれています。

このことは、太田牛一の『信長公記』にも見えていますし、大久保彦左衛門忠教(ただたか)の[21]『三河物語』にも、書かれています。この『三河物語』には、このときの退却を、金崎の退口(のきぐち)といって、信長のためには、大事な退却であった、これを担当したのが、のちの太閤秀吉である、と書かれています。皆さんも、よくご存知の有名な史実です。

これを、当時の古文書から見てみましょう。『武家雲箋(ぶけうんせん)』という古文書集に、波多野秀信という人に与えた、足利義昭の奉行衆の一人である一色藤長(いっしきふじなが)の同年五月四日付の書状の写があります。藤長は、信長の家臣丹羽長秀と連絡をとり、海上から越前に入ろうとしたわけですが、信長の退却によって帰陣します。この書状の写の中で、藤長は、

二十九日、弥(いよいよ)出船候筈に候の処、前日、信長打入られ候由、丹五郎左え(丹羽五郎左衛門尉長秀)若州において談合候処、金崎城に、木藤・明十・池筑、其の外、残し置かれ、北郡の儀、相下(トカ)され、重ねて越国乱入有るべき由候、然らば、此方の儀、帰陣然るべきの由候間、是非無く其の分に候、

と言っています。

つまり、「四月二十九日に、弥(いよいよ)船を出し出陣する予定であったが、前日に信長が、退却した由、丹五郎左（丹羽五郎左衛門尉長秀）と談合していたところ、金崎城に、木藤（木下藤吉郎秀吉）、明十（明智十兵衛尉光秀）、池筑（池田筑後守勝正）、この三人とその外を残した。信長は近江（滋賀県）北郡の

ことについて、相下され、これは、恐らく相卜（あいぼく）され、いろいろと考えて、ということだと思いますが、その上で、再び越前攻略をする、ということである。そこで、こちらも帰陣すべし、ということであるので、仕方なくそれに従った」、と言っています。

　ですから、金崎城における殿（しんがり）に、秀吉が残ったことは、もちろんのことですが、光秀も残り、勝正も残ったのです。決して秀吉一人が残ったのではありません。

　ところで、光秀の最期は、皆さんがご承知のとおりです。池田勝正は、摂津（大阪府）池田の城主で、信長に従っていましたが、この信長の越前征伐の直後の同年六月、一族によって追放されてしまいます。そうすると、この三人の中では、秀吉だけが残るわけです。

　このような背景から、金崎城の殿において秀吉の名だけが浮かび上がってくるのは、当然といえましょう。第四章で述べましたが、信長の名代として京都に残ったのは、秀吉一人であると、『太閤記』にありましたが、決してそうではありませんでした。同様に、金崎城において殿を務めたのが、秀吉一人であるとするのも、事実はそうではないのです。

　多くの史書が、秀吉の軍功を過大に評価し、光秀のような人物の軍功を、不当に抹殺してしまう、そういうことをやっていますので、これらの本は、注意して読んでいかなければなりません。秀吉が頭角をあらわしてくるのは、もう少し後のことというわけです。

　さて、足利義昭の家臣の一色藤長の書状の写に記された、秀吉を見てみましたが、毛利氏の使僧として活躍し、早くから信長や秀吉に面識があり、やがて、秀吉に仕えるようになった安国寺恵瓊（あんこくじえけい）の書状から秀吉を、見てみましょう。天正元（一五七三）年十二月十二日付で、毛利輝元の叔父吉川元春(22)の家臣山県就次らに与えた、自筆の文書が、『吉川家文書』の中にあります。輝元の使者として、信長や秀吉と会談し、京都の情況などを報告した手紙です。その一部に、

上意（義昭）御帰洛御操（あやつり）の事、我等京着の翌日、羽柴藤吉郎（秀吉）・日乗（朝山）・我等差し下し申され、操候の処、上意の御事、人質を能々（よくよく）御取かため候はではと、仰せられ候、人質の儀は、進上申す間敷の由、藤吉は申候、それにて一日相支え候の処、羽藤何と分別申し候哉、さやう上意にて、底まで御甘（くつろぎ）なく候はば、一大事の儀に候間、たゝ行方（ゆくえ）しらずに見え申さずの由、信長へは申すべく候の条、早々何方へも御忍（しのび）、然るべきの由申候て、翌日、大坂まで罷り帰り候、（中略）さて此上にて、自然西国なとへ御下向候ては、御一大事たるべく候、（中略）公方様は、上下廿人の内外にて、小船に召され候て、紀州宮崎の浦と申す所へ、御忍び候、信長も只々討ち果たし申すべきにても、これなく候間、彼所に御逗留有るべく候、

とあります。

これは、この年、天正元（一五七三）年、このときの年号は、まだ「元亀」で、七月二十八日に、信長の強い要望によって、「天正」と改元されますが、この年の七月十八日、義昭は信長の攻撃を受け、居城の山城槇島（まきのしま）城を退去し、のち河内（大阪府）若江に徙（うつ）り、ここで室町幕府が滅びます。

しかし、義昭は、何としてでも京都に帰り、将軍としての地位の確保に、執著します。また、毛利氏の方でも、義昭に頼られて、信長と対決する、ということになると、一大事ですので、この問題について、恵瓊を信長のところに遣わし、交渉させているわけです。その恵瓊の報告です。

「上意（義昭）の御帰洛についての操、「操」というのは、いろいろと交渉することですが、わたくし（恵瓊）が京都に着いた翌日に、羽柴秀吉と日乗朝山、この日乗は早くから義昭と信長との交渉役をやっていた人物です。この日乗とわたくしが差し下され、交渉をしましたが、義昭は、信長方から人質を提出しなくてはだめだ、と申されました。この人質は、進上できない、と秀吉が申しました。そこで、一日ごたごたしましたが、秀吉は何と判断したのでしょうか。そのように、義昭が現在の自分の立場、これは、すでにもはや将軍としての権力を失っているという立場を、自覚していないのなら一大事であるから、将軍は行方がわからなく見えなくなった、と信長には報告しますから、早々とどこへでもお忍あって当然です、と言って、翌日、秀吉は、大坂に帰ってしまいました。（中略）さて、これで、西国（毛利氏の領地）などに義昭が御下向されては、一大事です。（中略）しかし、公方様（義昭）は、二十人ほどの家来とともに、小船に乗られて紀伊（和歌山県）の宮崎の浦というところへ、徙りました。信長も、取り立てて、義昭を討ち果たす、ということではないので、義昭は、紀伊にご滞在でしょう」と言っています。

信長から、義昭の帰洛問題を任せられた、秀吉の姿が目に見えるようです。恵瓊は、さらに、「但馬（兵庫県）については、来年の二月に、秀吉が大将として出陣することが、決定している。現在の段階で、この国の半分は、秀吉と通じている」、と述べて、毛利氏の注意を喚起し、最後に、

信長の代五年・三年は、持たるべく候、明年辺（あたり）は、公家などに成（な）るべく候か、と見及び申し候、左候て後、高ころびにあをのけに、ころばれ候すると見え申し候、藤吉郎さりとてはの者にて候、

とあります。

ここの部分は、特に有名なところです。信長の死ぬ十年ほど前に、信長と秀吉を評しまして、「信長の時代は、あと五年か三年は続くであろう。来年あたりは、お公家さんになられるかも知れない。それからは、高ころびに、あをのけにころんでしまうであろう。藤吉郎秀吉は、なかなかの人物である」と発言しています。さすがに、その人間観察は、鋭いところがあります。

恵瓊は、この後、秀吉と接触する機会が多くなりますが、秀吉との交渉について、毛利輝元に、いろいろとアドバイスをしています。柴田勝家を滅ぼした翌年、天正十二（一五八四）年正月十一日、輝元の老臣井上春忠らに与えた文書（『毛利家文書』）では、

大なる事は、近年信長の下にても、羽柴〳〵と申候て、世上操（あやつり）をも、又弓矢をも手に取り候て、鑓（やり）をもつき、城をも責候て存んぜられ候、又、小事の儀は、小者一ケにても、又、乞食をも仕り候て、存んぜられ候仁か、申し成（な）しなとにては成る間敷候、日本を手の内にまわし候、今日までは名人にて候、明日の不慮は、存ぜず候、

と述べています。

武将として大事な戦略上のことについては、もちろん、優れており、それ以外の小事についても、乞食まで体験をした人物だから、世間のことは十分に知っている。決して、侮ってはならない。今日までは、日本を手の内にまわす名人である、と秀吉を評しています。

以上のようなわけで、恵瓊の文書からは、なかなか興味深い、秀吉像を知ることができます。

このような話は、きりがありませんが、信長の文書にでてくる秀吉は、どうでしょうか。

奥野高廣さんの『織田信長文書の研究』（上・下・補遺索引、昭和六十三年、吉川弘文館）によれば、信長から秀吉に与えた文書は、十二通ほどありますが、天正九（一五八一）年六月一日付の黒印状（『細川家文書』）には、次のようにあります。

一、鳥取の儀、一国一城に候間、急度攻め崩すべきの旨、尤もに候、然らば先書にも具さに申し聞かせ候、定めて相達すべく候。小敵相侮り候て、深々と罷り出で、千万に一も利を失い候へば、外聞と云い、実儀と云い、旁以って然るべからず候、能々其意を成し、いかにも丈夫に調儀せしむべく候、此面諸手隙を明け候て、之れ有る事、少をそく存分に属す段、苦しからず候、朝夕此状を守って、由断なき計策肝心に候、其の為にくどく申し聞かせ候、

これは、この年、六月二十五日から開始された、秀吉の因幡鳥取城攻略について、秀吉に注意を与えた文書の一部で、小敵と侮って不覚を取ってはならぬ、と厳しく言い含めています。中でも、「朝

夕にこの手紙を守って、油断のない計策が肝心である」、との発言は、なかなか強烈なものがあります。秀吉は、四か月の悪戦苦闘を経て、同年十月二十五日、この城を陥落させることができました。

以上、同時代の人の手紙に描かれた秀吉を、少々見てきましたが、このようなことも、話をしたかったところです。

第六章　播磨上月城の攻略

最初に、秀吉の自筆の文書を、一点読んでみましょう。「手紙番号⑥」（五八〜六一ページ）です。秀吉が信長の命令をうけて、実際に中国の経略、つまり、毛利氏征伐に着手したのは、天正五（一五七七）年のことですが、この文書は、この年の七月二十三日付で、「ちくせん」、これは、羽柴筑前守秀吉のことです。秀吉から、「小くわん」、これは小寺官兵衛尉孝高のことで、のちに黒田姓を名のりますが、孝高に与えた自筆の消息です。孝高は播磨（兵庫県）姫路城城主小寺職隆（もとたか）の子で、秀吉は、まず、播磨一国を平定するために、職隆・孝高父子の協力を求めています。黒田家に伝来した文書で、『豊大閤真蹟集』に入っております。数年前に、わたくしも、福岡市美術館（現在は福岡市博物館所蔵）で原本を拝見しました。全文、秀吉の自筆で見事に書かれています。第一行目に小さく「なを〱」とあるところは、念を入れるために書くところですので、後から読みます。大きい字の「内々の」という所から読み始めます。

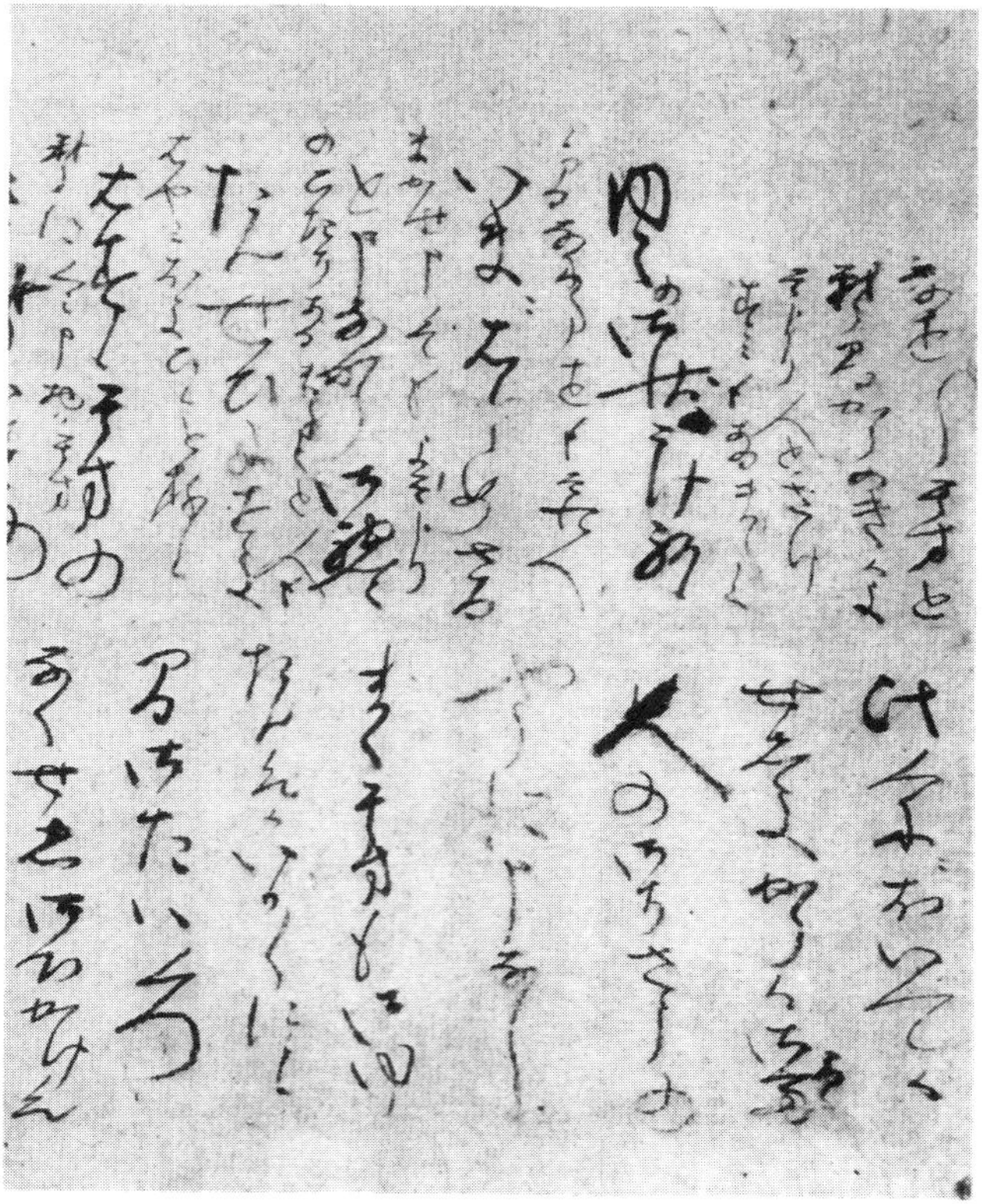

〔手紙番号⑥〕『黒田家文書』福岡市博物館所蔵

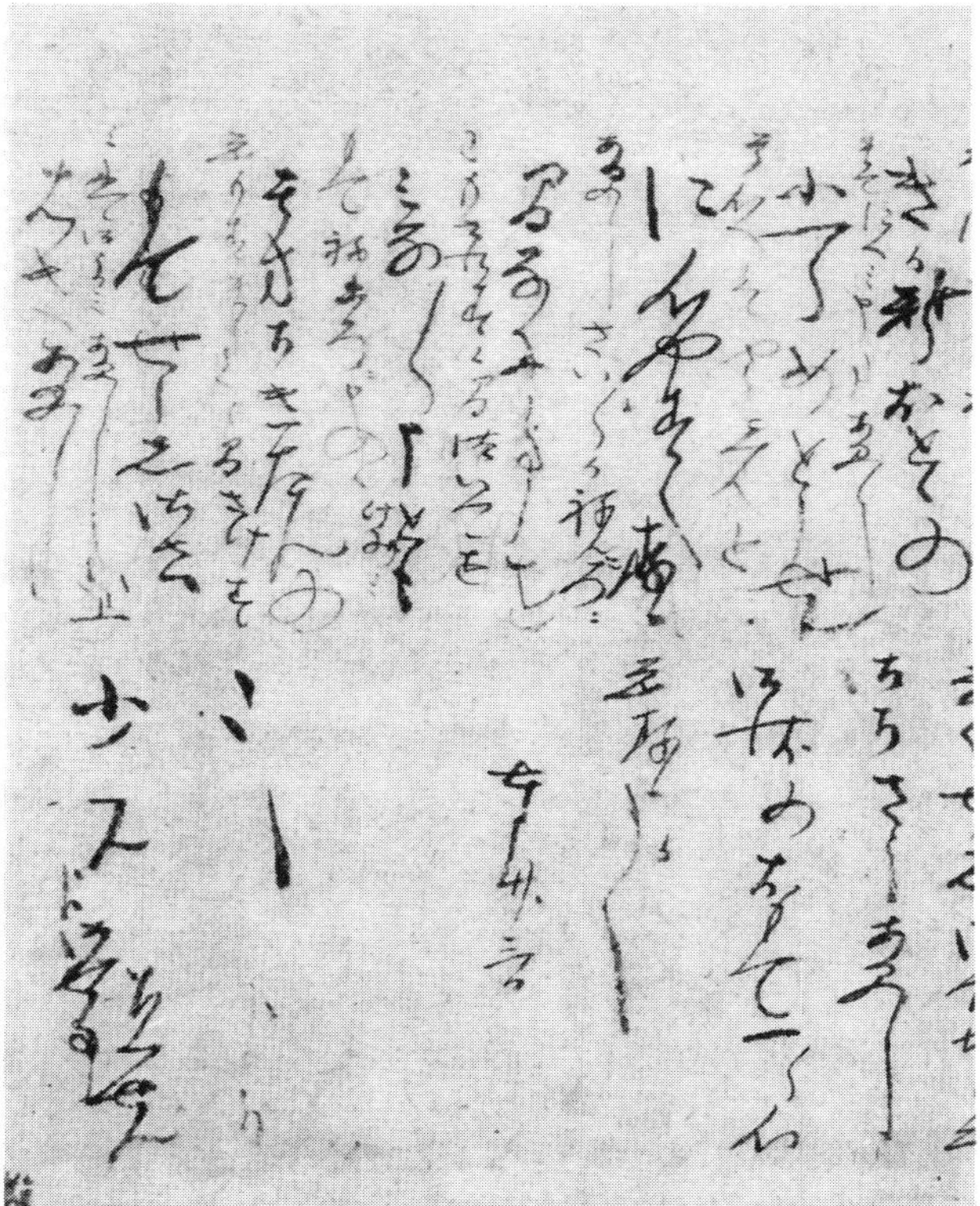

〔手紙番号⑥〕（『黒田家文書』）

なを〳〵、其方と我ら間からのきハ、
よそ（他所）より人とさけすミ（下墨）もあるましく
候間、なに事をもそれへまかせ申候
ても、よそよりのひたち（非太刀）あるましく
と、人もはやミおよひ（見及）候と存候、我
らにくミ（憎）申物（者）ハ、其方までにくミ申
事あるへ（得）く候、其心へ候て、やうし（用心）
んとあるへく候、さい〳〵御ねんこ
ろニわ（申）もされす候間、ついて（序）をもて、
ねころニ申入候、此文ミゐ（見）もすまし
く候間、さけすミにて御よミあるへ
く候、以上、
内々の御状うけ給候、いまニはしめさる
と申なから、御懇之たん、せひ（是非）にをよは

す候、其方のきハ（儀）、我らおと丶の小一郎
めとうせん（同前）に心やすく存候間、なに事を
ミな〱申とも、其方ちきたん（直談）のもて（以）、
せうし（諸事）御さは（裁）きあるへく候、此くにニお
いてハ、せしよ（世上）からハ、御両人の御
ちさう（馳走）のやうに申なし候まゝ、其方も御
ゆたん（油断）候てハ、いかゝ（如何）に候間、御たいく
つなく、せし（是非）御心かけ候て、御ちさうあ
るへく候、御状のおもて一〱心ゑ（得）存候、
かしく、
（天正五年）七月廿三日
「（切封ウワ書）（墨引）　　より
小□□（くわ）ん　　ちくせん（筑前、秀吉）
まいる御返事　」

「内々のお手紙を受けとりました。今に始まったことではありませんが、ご懇(ねんごろ)の段、嬉しく思います。その方のことは、私の弟の小一郎(こいちろう)め、これは秀吉の弟秀長のことです、この秀長と同じように心やすく思っているので、どのようなことを人が申しても、あなたとの直接の談判で、すべてを処理いたしましょう。播磨の国については、世間もあなたとお父さんの奔走によってできることだ、と言っているので、あなたも御油断があってはなりません。へこたれることなく、是非ともしっかりと心がまえをなされ、尽力して下さい。手紙の内容は、一々心得ました。」

と言っており、さらに、念を入れて、

「その方とわたくしの間柄は、他人の間柄とは考えないでしょうから、何ごとをあなたにまかせても、外からの非難もあるまい、と人もはや見及んでいることでしょう。わたくしを憎む者は、その方まで憎むことになるであろう。その心得をもって用心して下さい。細々とは申せませんので、ついでに申しました。この手紙、読みにくいでしょうから、推量して読んで下さい。」

とあります。

ここで、秀吉は孝高に対し、自分の弟の秀長と同前に心やすく思っている、あるいは、自分を憎む者は、その方まで憎むことになるであろう、とまで言っています。いかに秀吉が毛利氏攻略に際して、孝高に期待するところが大きかったかが、理解されます。このとき、孝高は、秀吉より十一歳年少の三十二歳でした。

さて、このような下拵(したごしら)えをした上で、秀吉が京都を出陣したのが、この年、天正五年十月二十三日でした。そして、姫路城に入城し、ここを根拠地として活動を開始します。ここで、同年十二月十日付で、秀吉はもう一通、孝高に手紙を書いています。「手紙番号⑦」（六四～六七ページ）です。

この手紙は、秀吉が孝高と別所孫右衛門重宗にあて、孝高の息子の松千代（のちの長政）と重宗の娘とが縁談を結び、孝高と重宗が兄弟同様に尽力すべきことを、命じたものです。重宗は、のちに秀吉と戦うことになる、播磨三木城主別所長治の叔父にあたります。

なお、この文書には、年月日がしっかりと書かれ、自筆の文書には珍しく、秀吉の署名と花押が書かれています。これは、両家に好する約束ごとですので、八幡大菩薩や愛宕明神などの神仏に誓う形をとって、丁寧に書いているわけです。秀吉に協力する中国地方の武士への、秀吉の配慮がうかがえるでしょう。

さて、この播磨出陣中、秀吉の軍功で知られるものに、この年の十二月三日に、宇喜多直家の属城七条城（普通には上月城として知られる）を、陥落させています。秀吉は、この二日後、下村玄蕃助(しもむらげんばのすけ)に手紙をやって、次のように、言っています（『下村文書』）。

一、右、福原城より一里程先に、七条(上月城)と申す城候、翌日、廿八日、押し寄せ取り巻き、水の手取り候処、後巻として此の方陣取る山の上へ、宇喜多(直家)罷り出で候条、城には手当て置き、切懸け合戦に及び、散々切崩し、備前堺迄三里計の間、追い討ち、首数六百十九、其の外雑兵切捨て

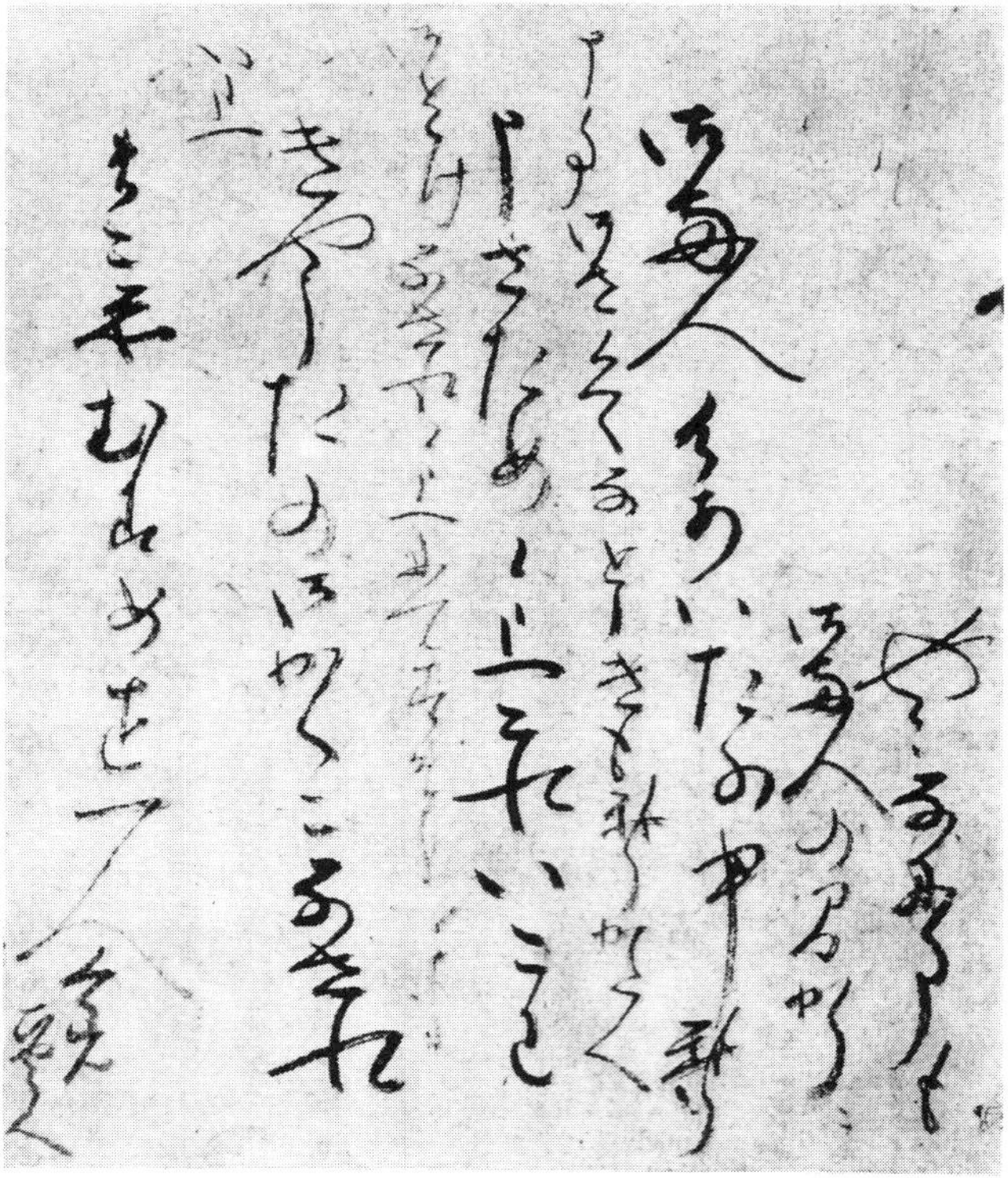

〔手紙番号⑦〕（『黒田家文書』）福岡市博物館所蔵

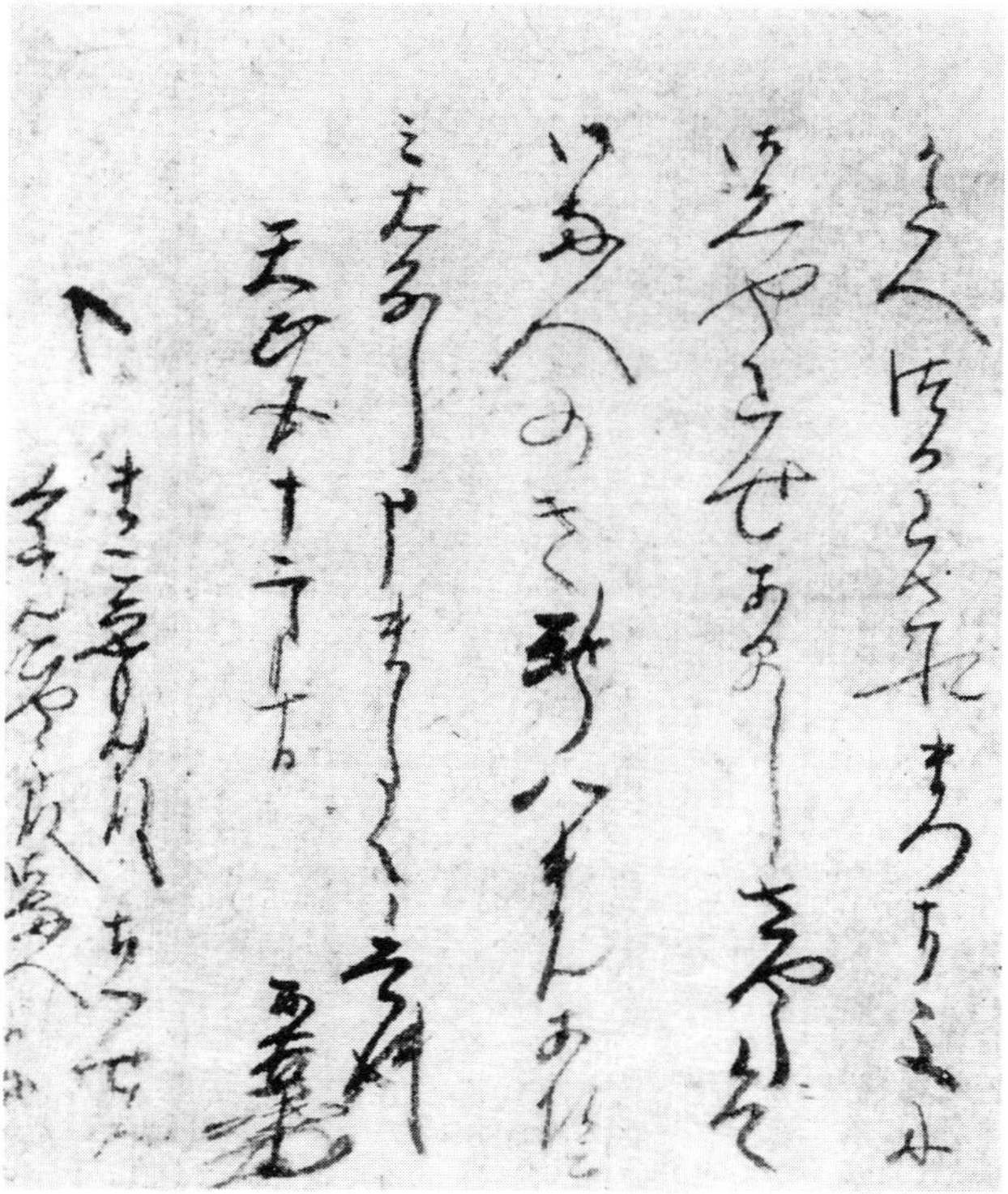

〔手紙番号⑦〕（『黒田家文書』）

返々、なに事も御両人の間から_ニ_申事
御さ候ハヽ、なとうき（何条儀）も、我らかたへ
御とゝけなされ候上にて、すまし可_レ_
申候、以上、

御両人御あいたの事、我ら申さため候上、
これいこわ、きやうた（兄弟）の（い脱カ）御かくこ（覚悟）なされ、

まこゐむすめ（孫衛娘）を一人、くわんひやう（官兵衛）へかた
へつかわされ、まつちよ（松千代）に御しやわせある
へく候、さやうニ候て、御両人のき、我ら
八まん、あたこ（愛宕）、ミはなし申ましく候、
恐々謹言、

天正五　十二月十日　秀吉（花押）

まこゐもん（孫右衛門）殿　　ちくせん

（墨引）くわんひやう（官兵衛）殿

御両人　□

候、夜に入り候に付、宇喜多討たず留る事、無念に存候、去り乍ら、明石三郎左衛門・まなこ（真名子）喜左衛門・さう（宗野）の原討ち捕り候、此の両三人の事、西国にての才覚、先懸け、第一の者と申し候事、

一、合戦場より引き返し、七条城弥（いよいよ）取り詰め、水の手取り候に付、色々佗言候へ共、承引能わず、かへりし、かき三重ゆいまわし、諸国よりしより申し付け、去三日、乗り入れ、悉く首を刎ね、其の上已来、敵方みこりと存知、女子共二百余人、備・作・播州三ケ国の堺目に、子ともをハ、くし（串）にさし、女をは、はた物にかけ、ならへ置き候事、

さすがに、後世に書かれた軍記類よりも、迫力があります。敵方を懲らしめるために、女子供二百余人を、備前・美作・播磨三か国の境目に、子供は串にさし、女は磔物（はたもの）にかけて、並べ置いた、とありますから、信長生存中のこの時期の秀吉の戦いぶりも、凄惨だったというほかはありません。

それでは、次章で、播磨三木城の攻略を見てみましょう。

第七章　播磨三木城の攻略

さて、次に、秀吉の播磨三木城の攻略を見てみましょう。この城の城主は、別所長治です。この長治と信長が関係を持つようになるのは、信長が、室町幕府を滅ぼした天正元（一五七三）年のことと思われます。というのは、第五章で一部を引用した、同年の十二月十二日付の安国寺恵瓊の書状（『吉川家文書』）に、

一、別所（長治）・宗景（浦上）間の儀も、当時持ち候と相定め候、別所も自身罷り上り候、一ッ座敷にて両方え申し渡され候、宗景え三ケ国の朱印の礼、夕庵（武井尓云）より過分に申し懸け候、おかしく候、

とあります。

これは、播磨の別所長治と備前の浦上宗景[23]との間で、国境争いがありましたが、それを信長が裁定したわけです。信長は、その境界を、現状どおりとしました。長治自身も上洛して、一つの座敷で、宗景と会い、信長がそのことを言い渡しました。信長は、宗景に、備前・播磨・美作を与えるという朱印状（信長の「天下布武」という印文を彫った印章の捺してある文書）を与えました。そのお礼に、朱印銭（朱印状をいただく手数料）を、信長の右筆である夕庵[24]（武井爾云）。この人物については、第九章で、

詳しく述べます）が過分に申し懸けた。そこで、恵瓊も、おかしく候、と言っているわけです。

ですから、このとき、長治が信長に直接、面会していることは、確実です。

長治は、この後、天正三（一五七五）年七月朔日、上洛して信長に会い、同年の十月二十日にも再び信長に面会し、翌年の十一月四日にも上洛して、信長に会って、いろいろと相談をしています。

しかし、二年後の天正六（一五七八）年二月、ついに長治は、毛利方となって、信長に叛旗(はんき)をひるがえします。

一体、どうして信長に直接に会い、しかも、信長に多少の恩を受けている人物が、このように信長に叛(そむ)くのでしょうか。前年十月、信長と戦い自害した松永久秀も同じです。また、荒木村重[25]も、信長の上洛以来、信長のために尽力し、信長からもその功を認められているわけですが、長治が信長に叛いた同じ年の十月、やはり、信長に叛旗をひるがえします。

この原因は、いろいろと考えられますが、一つの例として、天正三（一五七五）年八月、越前の一向宗門徒を殲滅させてから、信長の生活態度が、一段と専制的性格を帯びてきたことがあげられるでしょう。この年九月、『信長公記』に見える越前の国衆に与えた掟書に、

とにもかくにも、我々を崇敬候て、影後(かげうしろ)にても、あだにおもふべからず、我々あるかたへハ、足をもさゝざるやうに、心もち簡要に候、其の分に候へバ、侍の冥加有て、長久たるべく候、分別専用の事、

とあります。

「信長の居る方向には、足も向けてはいけない。その心懸けが肝心である。そうすれば、侍の冥加があって、幸せになれるのだ」、などと言われては、気骨ある武将であれば、決して納得できないでしょう。わたくしは、このようなところにも、光秀の叛逆の原因の一つがあったと考えますが、この点は、後に考えてみたい、と思います。

ところで、秀吉です。主君信長に叛いた者は、断乎として討伐しなければなりません。秀吉は、長治が信長に叛いた天正六（一五七八）年二月から、二年後の、同八年正月十七日、ついに三木城を落とし、長治は自刃します。時に二十三歳の若さでした。

この合戦の終始を記した秀吉の軍記に、『播磨別所記』があります。この本は、大村由己が、秀吉の命令で作った、秀吉の軍記です。普通は、『天正記』といいますが、のちになって『秀吉事記』ともいいます。

この作者の由己は、秀吉の御伽衆、つまり主君の側に居て、話相手をする人でした。この由己の書いた『天正記』は、秀吉の伝記といってよいわけですが、秀吉が、別所長治を滅ぼしたときのことを記した『播磨別所記』、光秀を滅ぼしたときの軍記『惟任謀反記』、柴田勝家を滅ぼしたときの軍記『柴田合戦記』、関白になったときのことを記した『関白任官記』など、数本があります。つまり、秀吉が自分の功業のハイライトを、由己に書かせたわけです。

実は、秀吉は、この『天正記』を、人前でも読ませています。また、由己に、自分の功業を謡曲に作らせてもいますから、これが能で実演されたことは確実です。そして、秀吉自身が能を演ずる、という場面もありました。普通に考えれば、何とも鼻持ちならない、と考えられますが、このようなことを平気でやっているところに、秀吉の特色があります。

さて、秀吉が、別所長治を滅ぼした顚末を記した『播磨別所記』ですが、最後の部分に、次のように書かれています。

或る人の曰く、秀吉に十徳あり、君に忠心あり、臣に賞罰あり、軍に武勇あり、民に慈悲あり、行に政道あり、意に正直あり、内に智福あり、外に威光あり、聴に金言あり、見に奇特あり、走れ誠に人間抜群の主、仰いで仰ぐべし、将軍家長久繁栄の基なり、祝々珍重、

時に天正八年正月晦日

とあります。

「ある人がいうことに、秀吉には十の徳がある。主君に対しては忠心がある。家臣に対しては賞罰がしっかりしている。軍には武勇がある。民衆には慈悲がある。行には政道がある。意は正直である。内には智福があり、外に対しては威光がある。聴くことには金言を発し、見すことには奇特がある。これは誠に人間抜群の主であり、仰いで仰ぐべしである。これこそ、将軍家、これは、信長のことをいっているわけですが、その将軍家の長久繁栄の基である」と書かれています。

ところで、この奥書には、「天正八年正月晦日」とありますが、信長の死ぬ二年も前であることに注意して下さい。別所長治が自殺をしたのが、同年の正月十七日なので、ちょうど、時間的には、一致しています。そこで、この『播磨別所記』が書かれた時期も、この奥書をそのまま信用して、信長のまだ生きていた、天正八年正月晦日に、出来上がった作品だ、と考えられているわけです。

けれども、いかがでしょうか。ここにあげられている、秀吉の十の徳。これは、なかなか立派なものです。やはり、作者の大村由己の主君秀吉を称(たた)える気持ちが、溢れ出ているといってよいでしょう。しかし、一体、信長が生きている時代に、秀吉のことを、「是れ誠(まこと)に、人間抜群の主(あるじ)、仰いで仰ぐべし」などと書くことができたのでしょうか。はなはだ滑稽である、といわざるを得ません。信長の生きていた時代は、あくまでも信長が、「人間抜群の主(あるじ)」なのです。

この点に注目された方はいませんが、わたくしは、信長が死んでから、秀吉が作者の大村由己に命じて書かせた言葉である、と考えざるを得ないのです。

古文書や軍記の奥書の日付などというものは、後になっていくらでも自由に、当事者の都合のよいように、書き変えることができるわけです。

数年前になりますが、秀吉の奥さんのおねの実家である、備中（岡山県）足守藩(あしもりはん)の木下家から、多くの古文書が発見されました。この中に、本能寺の変直後の、天正十（一五八二）年十月三日付で、秀吉を「従五位下」に叙して、「左近衛権少将」に任命した口宣案(くぜんあん)（叙位、あるいは、任官のときに、天皇の命令で出される文書）の原本が出てきました。これは、すでに知られていた同日付の正親町天皇の綸旨（天皇の命令を受けた、蔵人が出す文書）と内容が、全く一致しています。

この綸旨では、明智光秀を討った軍功によって、秀吉に昇殿を聴し、少将に任ずる、とあります。これらの一連の文書は、すべて当時のもので、決して偽物ではないのですが、年号に天正十年と書かれているところが、よろしくありません。

秀吉と同時代の日記である、『兼見卿記』の、天正十二年十月二日の条を見ますと、

中山黄門（親綱）、路次において参会して云う、今日、筑前守（秀吉）昇進して、少将に叙爵す、勅使菊亭（晴季）・久我（季通）・勧修寺亜相（晴豊）也、一段、筑州（秀吉）機嫌の由を、相談じ了、

とあります。

吉田兼見は、「中山親綱と道すがら出会いますと、親綱が、今日、秀吉が昇進して少将という位に叙爵された。この天皇の命令を伝える勅使は、菊亭晴季・久我季通・勧修寺晴豊の三人であった。秀吉は、一段とご機嫌であった」、と書いています。

ですから、秀吉が少将という位に、任ぜられたのは、天正十年ではなく、なんと二年後の、天正十二年だったわけです。このことは、やはり、当時の日記である『言経卿記』にも書かれていますので、確実です。

それでは、どうしてこの文書の年号が、「天正十年」と書かれるようになったのか、といいますと、

秀吉は、この少将に任命された天正十二年十月から、一年も経たない、天正十三年七月十一日に、関白となります。このような、秀吉の急速で異常ともいえる昇進を、時間的に不合理にしないために、わざわざ二年も日付を、遡らせて文書が作製された、ということになります。歴史の史料となる日付が、そのままに信用することができない、一例といってよいでしょう。

そこで、前に戻りまして、「天正八年正月晦日」と書かれた、『播磨別所記』の奥書の場合は、どうなのでしょうか。信長の生存中に、秀吉が自分の十の徳を書きならべ、自分は、人間抜群の主であるなどと、書くことができたのでしょうか。この本の奥書の年月日に疑問を持たないわけには、いかないでしょう。

それでは、この『播磨別所記』という本は、一体、いつごろに作られた作品なのでしょうか。

ここで、『顕如上人貝塚御座所日記』、これは、本願寺所蔵の宇野主水と(26)いう人の日記ですが、この日記を見ますと、天正十三（一五八五）年七月十日の条、この日は秀吉が関白に任官する前日のことですが、この日の所に、次のような記事があります。

一、十日（天正十三年七月）、中嶋天満宮会所の由己（大村）と云う人、始て御礼に参らるる也、御対面、新門様（光寿）御同前也、御所望によって、新門様御前にて、由己作の軍記をよまるる也、一番、別所小三郎（長治）兄弟腹切、諸卒をたすくる事、二番、惟任日向守（明智光秀）謀反、信長公御父子（信忠）御最後、其の為躰の事、三番、柴田修理亮（勝家）と江北にて合戦、秀吉御本意の事、とあります。

つまり、「大坂中嶋天満宮の社僧である、大村由己という人が、はじめて本願寺に参詣にこられた。そこで、光佐（顕如上人）と息子の光寿（教如上人）の二人に対面した。御所望によって、光寿の前で、由己の作った軍記が読まれました。一番は、別所長治兄弟が切腹し、諸卒を助けたこと。二番は、明智光秀の謀反による、信長・信忠父子の御最後のありさま。三番は、柴田勝家と江北（滋賀県北部）で合戦をした秀吉が、勝利し御本意を遂げられたことです」、と書かれています。

以上のようなわけで、ここに見える軍記の、一番が『播磨別所記』、二番が『惟任謀反記』、三番が『柴田合戦記』を、指していることが、明らかでしょう。

ですから、秀吉が関白となるころに、ようやく秀吉の一連の軍記、つまり、『天正記』の中の一番から三番までの軍記が、人の前で読めるような作品に出来上がっていたというわけです。

この『天正記』は、活字本になっていますので、どなたでもお読みいただけるわけですが、明らかに、秀吉の功業礼讃に偏している、という傾向があります。秀吉が関白になったという、具体的事実を、相当に意識して作られた作品である、とわたくしは、考えています。

確かに、秀吉が別所長治を滅ぼしたのは、天正八（一五八〇）年正月十七日でした。そして、『播磨別所記』に書かれた奥書に、「天正八年正月晦日」とあるのも、タイミングとしては、悪くない、いや、むしろ、このタイミングこそ確かなものである、と考えることもできますが、わたくしは、信長の生きていた時代に、このような作品が書かれたとは思いません。

何といいましても、これら『天正記』の一連の作品は、秀吉が関白になった、ということを、相当に意識して作られた作品である、といわざるを得ないのです。

確かに、秀吉は、なかなかの人物ですが、秀吉の宣伝に踊らされてしまってはいけません。

秀吉は、天正十一（一五八三）年四月十二日付で、毛利輝元に送った書状の写（『毛利氏四代実録考証論断』）の中で、「前々、せがれの時さえ、信長家中においては、秀吉が真似ごと仕るべき者、これなく候つる」、つまり、「前々、年少の時分のころでも、信長の家中の中では、秀吉のまねをできた者などは、誰もいなかったのだ」、と言っています。

すでに、信長は亡く、明智光秀を滅ぼし、柴田勝家を討つ直前の発言ですが、秀吉が相当に、はったりを利かせていることが、おわかりいただけるでしょう。信長が死んでからの秀吉のこのような発言は、外の秀吉の文書にも多く見えます。その自己宣伝は生涯にわたって続きますが、その真相はいかに、ということを考えに入れながら、史料を読んでいかなくてはなりません。

以上、播磨三木城の攻略を記した『播磨別所記』の奥書から、史料の読み方ということを、考えてみました。

第八章　因幡鳥取城の攻略、茶湯道具拝領のことなど

さて、播磨三木城の攻略とともに、秀吉の軍功として知られるのは、因幡鳥取城の攻略です。第五章で一部を述べましたが、秀吉は、天正九（一五八一）年六月二十五日から、鳥取城の攻撃を開始し、四か月後の、十月二十五日に、これを落城させました。この間、常に主君信長のアドバイスを受け、全身全霊をささげ、この攻略に尽力したことは、やはり、信長時代の秀吉を知る上で、留意しておかなくてはならないことでしょう。

鳥取城のこのときの状態は、『信長公記』に生々しく描写されていますので、次に引用してみます。

今度、因幡国取鳥（マヽ）一郡の男女、悉く城中へ逃入り、楯籠（たてこもり）候、下々百姓已下、長陣の覚悟なく候の間、即時に餓死に及ぶ、初めの程は、五日に一度、三日に一度、鐘（かね）をつき、鐘次第、雑兵悉く柵際迄罷り出で、木草の葉を取り、中にも稲かぶを上々の食物とし、後には是も事尽きて、牛馬をくらひ、霜露にうたれ、弱き者は餓死際限なし、餓鬼の如く瘦衰（やせおとろ）へたる男女、柵際へより、もだえこがれ引出し、扶（たす）け候へとさけび、叫喚の悲しみ、哀れ成る有様、目も当られず、鉄炮を以て、打倒し候へば、片息したる其の者を、人集まり、刀物（はもの）を手々（てんで）に持て、続節（つぎふし）を離ち、実取り候

き、身の内にても、取分け首、能きあぢわひ有と相見候て、頸をこなたかなたへ奪取り、逃げ候き、兎に角に命程、強面物なし、然れ共、義によって命を失う習大切也、城中より降参の申し様、吉川式部少輔（経家）・森下道祐・日本介（奈佐）、三大将の頸を取り、進すべく候の間、残党扶け出され候様にと歎き申候、此の旨、信長へ伺い申さるるの処、御別義なきの間、則ち、羽柴筑前同心の旨、城中へ返事候の処、時日を移さず、腹を切らせ、三大将の頸持ち来り候、十月廿五日（天正九年）、取鳥、籠城の者、扶け出だされ、余りに不便に存知られ、食物与へられ候へば、食にゑひ、過半頓死候、誠に餓鬼の如く、痩衰へて、中々哀れなる有様也、取鳥相果て、城中普請掃除申付け、城代に宮部善祥坊[27]入置き訖、

わかりやすく書かれていますから、特に口語訳の必要はないでしょう。しかし、兵糧攻めにあった鳥取城の悲惨さは、言語に絶するものがあります。なにしろ、人間の「脳味噌」が、美味い、というので、それを取り合って食べたというのですから、当時の惨状がしのばれます。

さて、秀吉は、この鳥取城落城を信長に報告をするために、安土城にやってきます。当然、年末ですから、お歳暮を持っていきます。

ここのところを、同じく、『信長公記』で見てみましょう。

去る程に、羽柴筑前守、播州より罷り上り、歳暮の御祝儀として、御小袖数弐百進上、其の外、御女房衆それ〳〵へ進せられ、か様の結構、生便敷次第、古今に承り及ばず、上下耳目を驚かし

候、今度因幡国取鳥、名城と云い、大敵と云い、一身の覚悟を以て、一国平均に、中付けられ候事、武勇の名誉、前代未聞の旨、御感状をなし下され項戴、面目の至り也、信長御満足なされ、御褒美として、御茶湯道具、十二種拝領候て、十二月廿二日(天正九年)、播州へ帰国候也、

ここも、わかりやすく書かれていますので、特に説明することはないでしょうが、とにかく、秀吉が直接、信長と会い、軍功の褒美として、茶湯道具を拝領したというわけです。

これに関連した秀吉の文書が、ちょうど、残っていますので、次に読んでみましょう。「手紙番号⑧」です。

〔手紙番号⑧〕(『小林憲雄氏所蔵文書』)

けさ巳の刻、御山(安土城)へ召し上られ、種々御懇に御諚を加えられ、御茶の湯を仕り、陣方の仕取を慰さめ懸け申すべき旨、御免(ゆる)し成され候、其の上、御道具下され候事、

一、すゝめのゑ(雀)(絵)　はりん
一、はないれ(花入)　きぬた(砧)
一、かたつき(肩衝)　あさくら(朝倉)
一、てんもく(天目)　大覚寺
一、だい(台)　尼崎

一、茶杓　　しゅく竹
一、ひばし（火箸）　　てつはね
一、かうらいちゃわん（高麗茶碗）
　以上八色
右分、何も御名物下され、身に余る忝き次第に候、御等閑なく候条、早々申し入れ候、御心中も
同前たるべくと存じ候、猶面を以て申し述ぶべく候、恐々謹言、
　羽筑（羽柴筑前守）
　　　　秀吉（花押）
極月廿三日（天正九年）
昨夢斎（今井宗久）
単丁斎（今井宗薫）
　御宿所

秀吉は、信長に面会し、十二月二十二日に、播磨姫路城に帰るのですが、その翌日の二十三日に、早くから交際のあった堺の商人であり、また、茶人であった今井宗久とその息子の宗薫に、信長からもらった茶湯道具について、報告しているわけです。

今井宗久と秀吉との出会いは、第四章「手紙番号④」（四〇～四一ページ）の文書で、すでに見まし

た。この「手紙番号⑧」では、秀吉は次のように言っています。

「今朝巳(み)の刻(大体、午前十時ごろ)信長から安土城へお召しがあり、いろいろと懇(ねんごろ)にお言葉を賜り、茶の湯をして、陣中の苦労を慰めよ、ということで、茶会を開くことを許されました。当時は、「茶の湯は御政道」といわれたように、主君信長から、お許しがなくては、勝手に茶会を開いてはならないことになっていました。ですから、信長から、茶会を開いて宜しい、という許可がいただける、ということは、武将として大変な名誉だったのです。そこで、秀吉も得意になって報告しているわけです。その上、さらにありがたいことに、茶の湯道具をいただいたのです。『信長公記』では、十二品目となっていますが、ここでは、八品目があげられています。これらは、いずれも御名物の品々ですので、身に余ることで、ありがたく思っております。あなた方とは、入魂(じっこん)ですので、早速お伝えします。きっと喜んで下さるでしょう。詳しいことは、お会いしたときに」。

ところで、この今井宗久という人物ですが、なかなかの人物なのです。

永禄十一(一五六八)年九月、すでに述べましたように、信長が足利義昭を奉じて、上洛します。このとき、宗久は『信長公記』に「今井宗久、是れ又、隠れなき名物の松嶋の壺、幷(ならび)に、紹鷗茄子(じょうおうなすび)進献(28)」とあり、名物の茶器を信長に献上して直ちに信長に帰順する意志表示をします。

また、宗久には、自筆の『今井宗久書札留』という自分から差し出した手紙の扣(ひかえ)が残っています。その中に、宗久から義昭の奉公衆である三淵藤英(みつぶちふじひで)に与えた、永禄十二(一五六九)年八月十七日付の

書状の写があります。その一部に、

十河（民部大夫）存知の塩合物過料銭の事、去年より公方様幷に信長御台の御料所、拙者に仰せ付けられ候、

とあります。

これは、十河民部大夫という人が、知行をしていた塩合物（塩漬魚）の過料銭（罪科を償わせる銭）の徴収については、信長の上洛した永禄十一年から、将軍義昭と信長の奥さん（恐らく斎藤道三の娘の濃姫のこと）の二人の料所（税金収入がある所）とし、その代官を、わたくし（宗久）が命ぜられました、ということです。珍しく、信長の奥さんのことが出てきますが、信長の上洛以来、宗久が義昭や信長と深くかかわっていたことを、物語っています。宗久は堺の商人の実力者ですから、当然のこととといえるでしょう。

また、秀吉は、この翌年の元亀元（一五七〇）年六月四日付で、今井宗久にあてた書状（『岩淵文書』）で、

火急の用に候、其の方において、てつはう薬いかにもよく候を、三十きん（斤）程、幷にゑんせう三十きん、御調え候て給わるべく候、別して御馳走頼み入り候、

と言っています。ちょうど、信長と家康の連合軍が、浅井長政と朝倉義景の連合軍を、近江（滋賀県）姉川で、この年の六月二十八日に撃破し、これが、浅井・朝倉両氏滅亡の端緒となっていくわけですが、この姉川の合戦の直前のことです。秀吉は宗久に、「火急のことであるが、鉄炮薬、それもいか

にも立派なものを、三十斤ほど、一斤は約六〇〇グラムです。それから、鉛硝（えんしょう）、これは硝酸（しょうさん）カリウムという煙の出る火薬です。これを調えて持って来て欲しい。特別に頼みます」と言っています。

宗久は堺の納屋衆（なやしゅう）、つまり、海岸に倉庫をもち、いろいろな商品を保管し、また、売買する豪商でした。武器の調達にも練達していたわけです。そこで、秀吉も重要な合戦を控え、宗久に尽力を依頼しているわけです。

また、宗久は一流の茶人でもありました。ですから、秀吉も「手紙番号⑧」にあるように、信長から名物の茶器を拝領した喜びを、直ちに宗久に報告しているわけです。

多くの歴史小説では、信長時代の茶人として、千利休（せんのりきゅう）をあげていますが、信長との関係を、政治的な関係、経済的な関係、そして、茶人としての関係など、いろいろな方面から見ますと、利休はとうていこの今井宗久には及びません。利休が登場してくるのは、やはり信長が死んで、秀吉の時代になってからなのです。このような点も、理解していただきたいところです。

第九章　信長の生存中に、信長の右筆が書いた秀吉の文書

ここで興味深い話題を一つ、呈示しましょう。それは、信長の生存中に、信長の右筆（つまり書記）が、秀吉の手紙を書いているという、具体的事実です。

このようなことは、これまでにどなたも発言されていませんが、わかりやすく説明しますので、しばらくご辛抱をお願いします。

歴史上の人物の文書には、自筆の文書と、右筆に書かせた文書があります。また、第二章で見ましたように、秀吉の場合は、右筆と秀吉の共同執筆になる形の文書もありました。

しかし、右筆は、誰にでももてるということではありません。やはり、それなりの地位にいる人でなくてはなりません。われわれのような一般人では、右筆は雇えませんが、天下人である、信長・秀吉・家康には、当然、右筆がいました。

ところで、信長の場合、その自筆文書は、きわめて少ないのです。

これまでに、わが国で知られる確実な信長の自筆の文書は、わずかに一点、『細川家文書』（永青文庫所蔵）の、天正五（一五七七）年十月二日付で、信長が細川忠興（ただおき）に与えたものです。忠興は、のち

の三斎、有名な幽斎の嫡男です。この文書は、信長に背いた松永久秀の党、大和（奈良県）片岡城の森秀光（もりひでみつ）らを、忠興の父である藤孝（ふじたか）（のちの幽斎）や明智光秀らが敗死させた、翌日付のものです。このとき、十五歳だった忠興の働きが、抜群だったので、信長から忠興に与えられた感状（かんじょう）、つまり、戦功を賞して、主君から臣下に与えられた文書なのです。

しかし、この文書には、全く信長の署名がありません。この文書だけを見たのでは、とにかく、差し出し人が記されていないのですから、一体、誰の文書か全くわからないわけです。ところが、この文書には、同日付で、やはり忠興に与えた、信長の側近である堀秀政（ほりひでまさ）(29)の副状（そえじょう）、つまり、侍臣が内容をより詳しく説明するために、副えた文書が付いています。この副状の中で、秀政は、「則ち、御自筆の御書をなされ候」、と書いています。つまり、「信長が、御自筆のお手紙を書かれた」と言っているので、ここではじめて、何の署名のないこの文書が、信長の自筆の文書である、ということが判明するわけです。

この文書は、内容といい、筆蹟といい、いかにも精悍な信長の気性を感じさせる貴重な文書といえるでしょう。有名なものですから、ご覧になられた方もあるでしょう。

この文書につきまして、秀吉の文書に詳しい高柳光壽さんに、その印象を伺ったことがありますが、高柳さんは、「何となく山勘（やまかん）的な雰囲気が感じられるね」、と笑っておりました。これも一つの見解だと思います。

さて、わたくしは、この信長の自筆文書の筆蹟を頭の中に叩き込んでおきましたが、東京大学史料編纂所所蔵の『益田家文書』の中に、新たに信長の自筆文書を、見つけることができました。当時、史料編纂所の所長でありました、百瀬今朝雄さんが、「この文書は、どんなものなのだろう」と、文書の原本を持ってまいりました。わたくしは、一見して、信長の自筆の文書であることを確信しました。というのは、『細川家文書』の信長の自筆文書と、筆蹟が全く一致していたからです。

この文書に日付はありませんが、封の所に、明らかに「信長」と書いてありますので、信長の差し出した文書であるとわかるわけです。これは、信長から、荒木村重とその息子新五郎に与えたものなのです。

　其元の様躰、言語道断、是非無く候、誠に天下の面目を失う事共に候、存分の通り両人に申し含め候、かしく、

とあり、返し書き、これは、念を入れて書く部分ですが、ここに、

　早々出頭尤に候、待ち覚え候、

とあります。信長は、「その方の有様は、言語道断である。何とも言いようがない。誠に天下の面目を失った。私の考えは、二人の使者に申し含めた。早く俺のところに話しにやってこい。待っているぞ」と言っています。

これは、荒木村重が、天正六（一五七八）年十月、前将軍足利義昭や毛利氏、本願寺などと結んで、

信長に離反したときの文書なのです。事が重大なだけに、信長自ら筆を取って書いたわけです。

以上、確実な信長の自筆文書を、二通ほど紹介しました。これ以外の信長の文書は、大まかに約一千点を越えますが、すべて、右筆が書いたものということになります。

ところで、わたくしは、信長の右筆について、どのような人がおり、実際にどの文書を執筆したのか、また、信長の側にいてどのような仕事をしていたのか、という問題に取り組んでいた時代があります。これは、実は、現在も継続しているところです。

今からちょうど、十年ほど前になりますが、昭和六十一年五月、東京国立博物館の文化庁分室で、『小早川家文書』の調査がありました。といいますのは、この前年の新指定の文化財のうち、『小早川家文書』が重要文化財に指定されたからです。

この文書を所蔵する小早川家は、中世からの安芸国（広島県）の豪族で、由緒のある家ですが、毛利元就の三男である隆景が養子となって家を継いでから、一層、発展します。特に秀吉が自分の苦境のときに隆景に救われた、ということがあります。この点を次に、少し説明してみましょう。

天正十（一五八二）年六月二日の本能寺の変に際しまして、秀吉は、毛利輝元の属城、備中（岡山県）の高松城を攻撃中でしたが、はからずも、六月三日の夜中にこの変報を手に入れました。秀吉は、信長の死を隠し、六月四日に輝元と講和を結び、高松城主の清水宗治を自裁させ、家臣の杉原家次に高松城を請け取らせました。秀吉は、六月五日まで高松にいましたが、翌六日、高松を出発し、七日には姫路に帰ることができました。そこで、いよいよ光秀を討つために上洛することになります。

一方、毛利方は、秀吉との講和後に、紀伊（和歌山県）の雑賀衆の情報によって、信長の死を知りました。のちに、毛利氏の内部では、一部の家臣が、あのとき秀吉を追撃していれば、天下は即時に毛利氏に属したものを、これを制止した隆景と隆景の兄吉川元春の二人は、分別違いであった、と言うものがいました。この批判に対して、隆景が、あのときの秀吉との講和を守ったからこそ、太閤様（秀吉）がお喜びになって、毛利家が今このように安泰なのだ、と自慢話をされた、と元春の息子の広家が、文書に書いています。

このことは、『吉川家文書』に書いてありますが、真相は、広家は、元春が父ですから、隆景とともに父の元春は追撃しない考えであったと言っているのであって、実際は、秀吉に対する追撃を制止したのが隆景で、元春は、このとき、追撃を主張していたのです。

秀吉も光秀征伐を目前にしており、非常に苦しい立場にあったので、この秀吉との講和を守り切った隆景の好意を、終生忘れずに、こののち、隆景をどんどん登用していきます。一方、元春の方は、秀吉に屈服するのを恥じたのでしょうか、本能寺の変のあった天正十年の十二月、家を息子の元長に譲って隠居する、ということになります。

以上、小早川隆景についての説明が長くなりましたが、前述のごとく、この小早川家に伝来した『小早川家文書』の調査がありました。わたくしも、これに参加しましたが、ある期待を持ってこれに臨みました。

といいますのは、この『小早川家文書』は、東京大学史料編纂所から、昭和二年に『大日本古文書』という叢書の中で、すでに二冊刊行されており、活字本ですべてを見ることができます。わたくしも、この活字本でこれまで学習してきたのですが、とにかく、この文書の原本を見ることは、生まれてはじめてだったからです。

約一千通に近い文書の原本があったでしょうか。その中で、信長の生存中に、信長の右筆である武井夕庵（尓云）の書いた、数点の秀吉の文書に出会ったわけです。

信長の生存中に、信長の右筆が、信長の部将の手紙を書いてやっている。このような例は、これまでのところ、秀吉の外に全く例がありません。これは、一体、どういうことを意味するのでしょうか。この疑問は、しばらくの間、わたくしの頭の中から離れませんでしたが、何ということはありません。秀吉という人物は、信長のお側に居ることのできた人物である、このように理解すれば、納得できるではないか、との結論を得ました。実は『小早川家文書』以外にも同じ例がありました。

もちろん、最初から秀吉は、そのような立場に居たわけではなかったでしょう。第四章で見たように、信長の上洛後の京都奉行にしましても、秀吉と同じような仕事をし、同じような地位にいた人々が多く居た、ということは、すでに述べたところです。しかし、さすがに秀吉です。信長の家臣の中から、だんだんと頭角をあらわしてくる。しかも、信長のお側に居ることのできる人物に成長してきたことも、また、事実であった、と認めないわけにはいきません。

そこで、次に、『吉川家文書』の中から、二点、例をあげてみます。信長の右筆武井夕庵の書状と、夕庵が書いた秀吉の書状です。もちろん、信長生存中の天正四（一五七六）年三月四日付の文書です。まず、「手紙番号⑨」（九二～九三ページ）です。

この文書は、三月四日付で、夕庵から毛利輝元の臣で叔父の吉川元春に与えたものです。最初の封のところに、「二位法印」とあります。夕庵（尓云）が、二位法印という位になるのが、『信長公記』によると、天正三（一五七五）年七月です。そして、翌四年五月、毛利氏は信長と断交していますので、この三月四日付の文書は、天正四年の文書であることが確実です。夕庵は、「信長様へ年頭のご挨拶をいただきました。ご返事を差し上げます。祝着の由を申し伝えよ、とのことです。わたくしへも、御太刀・御馬をいただきました。まことにありがたく思います。委しくは、聖護院道澄様より申し上げます」と言っています。

この聖護院道澄という人物は、信長と毛利氏との交渉に、いろいろと活躍している人物です。

一方、秀吉の書状を見てみましょう。「手紙番号⑩」（九四～九五ページ）です。

これも夕庵と同日付の文書で「右大将家、これは、前の年の天正三（一五七五）年十一月七日、信長が右近衛大将となっていますから、信長のことをいっているわけです。信長様へ青陽、これは、春という意味ですから、正月ということでしょうか、そのご挨拶をいただきました。ご返事を差し上げ

〔手紙番号⑨〕『吉川家文書』吉川史料館所蔵

〔手紙番号⑨〕（『吉川家文書』）

（折封ウワ書）
「　　　　　　二位法印
吉川駿河守殿（元春）　　尓云
　　御報　　　　」

信長卿へ年頭の慶事、
仰せ越され候、御返事
進らせられ候、急度（きっと）示し給い候、
祝着の由、尚其の意を得て、

申し述ぶべくの旨に候、仍って私へ御太刀・
御馬拝領、過当の至りに候、
毎々御高恩の儀に候、
委曲、聖門様（聖護院道澄）より
御伝達たるべく候、恐惶謹言、
（天正四年）三月四日　　尓云（武井夕庵）（花押）
吉川駿河守殿
御報

〔手紙番号⑩〕『吉川家文書』吉川史料館所蔵

〔手紙番号⑩〕（『吉川家文書』）

（折封ウワ書）
「　　　　　羽柴筑前守
吉川駿河守殿　　秀吉
　　　　御返報　　　　」

右大将家へ青陽の
嘉慶、仰せ越され候、則ち
御返事調え進らせ候、仍って
自分へ御太刀・馬

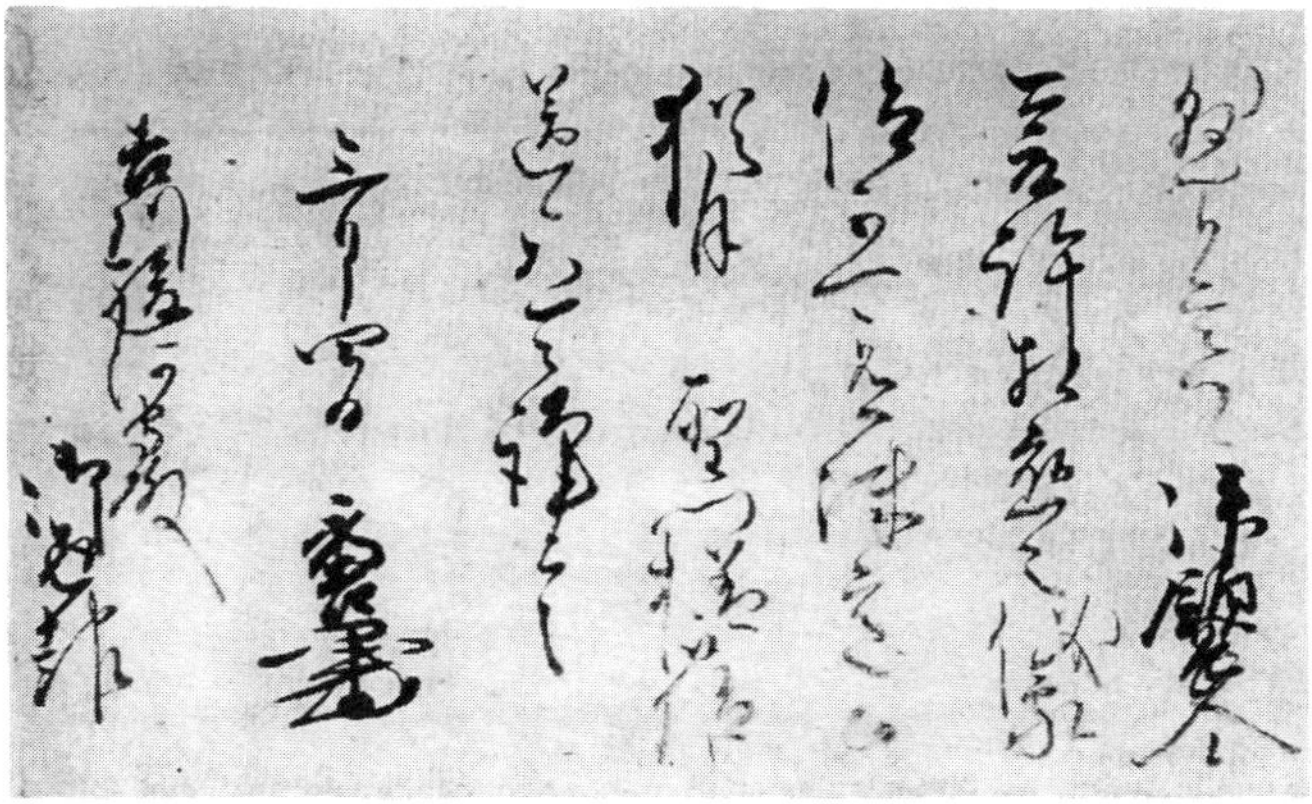

御意に懸けられ候、拝領畏り入り候、
爰許（ここもと）相応の儀
仰せを蒙り、疎意あるべからず候、
猶聖門様より仰せ
送られ候、恐々謹言、
（天正四年）三月四日　　秀吉（花押）
吉川駿河守殿
御返報

ます。わたくしへも、御太刀・御馬をいただきました。ありがたく思います。わたくしの身分相応に、できることがありましたら、努力します。委しくは、聖護院道澄様から申し上げます」と言っています。

ここで、写真をご覧下さい。「手紙番号⑨」は、武井夕庵（尓云）の自筆の書状です。この文書と、「手紙番号⑩」の秀吉の手紙の筆蹟が全く一致していることに、お気付きでしょうか。この秀吉の手紙は、夕庵が書いているのです。もちろん、秀吉の花押だけは、秀吉が書いています。

場面設定をしてみますと、毛利氏の重臣吉川元春から、信長に年頭のご挨拶状が来た。これに対して、信長が右筆の夕庵に命じて、信長の返事を書く（この文書は今は残っておりません）。そして、信長の近臣が、それに付ける副状を書く。このときの近臣が夕庵と秀吉です。夕庵は右筆ですから、手紙を書くのはお手の物です。しかし、秀吉は違います。こう言っては、秀吉に対して失礼かも知れませんが、当時の手紙を書く作法、この作法を書いたものを、書札礼といい、各大名家には、それぞれ作法がありました。漢文体で丁寧に手紙を書いていくわけですが、秀吉には、これが無理だったのではないのでしょうか。そこで、右筆の夕庵が秀吉の手紙を書いてやっている、というわけです。

さて、少々、長くなりましたが、秀吉が信長の側近として、だんだんとのし上がっていくことをご理解いただければ、よろしいのです。

信長の右筆には、この武井夕庵の外に、楠長諳などもいます。長諳も、やはり信長の生存中に、秀吉の手紙を書いてやっております。この長諳については、後に詳しくお話しします。

第十章　本能寺の変

「本能寺の変」、それは、まことに戦国の世を震撼させた大事件であった、といっても過言ではないでしょう。そして、この事件の解明に、多くの学者や作家をはじめとする人々が、取り組んできたのも、当然のことといってよいでしょう。

問題は、この事件の原因究明に、集約されると思いますが、これがなかなかの難題であるわけです。これを解明する方法は、何といっても、明智光秀のことを、信頼のおける史料によって、正しく認識する、という作業から始めなくてはならないでしょう。

このことは、秀吉の実像を認識する、という学習と全く同じことになります。すでに、その学習方法は、第一章で述べたことですが、光秀が死んでから書かれた作品、そういう史料によっては、光秀の本当の姿は、理解することはできない、ということなのです。とにかく、光秀の生きていた時代の史料に拠らなければならないわけです。

ところで、現在、本能寺の変の要因として、一般的に認められている考え方としまして、「怨恨説」があります。この「怨恨説」の根拠として指摘される理由に、信長が光秀に国替を命じた、ということがあげられています。この出典、すなわち、根拠となる史料が、『明智軍記』なのです。『明智軍記』巻九の「惟任日向守（光秀）企謀叛事」の条には、次のように書かれています。

然所ニ、青山与三ヲ上使トシテ、惟任（明智）日向守ニ、出雲・石見ヲ賜フトノ儀也、光秀、謹テ上意ノ趣承リシニ、青山申ケルハ、両国御拝領、誠ニ以テ目出度奉存候、去ナガラ、丹波・近江ハ召上ラル、ノ由ヲ、申捨テゾ帰リケル、

とあります。

つまり、信長の使いである青山与三が、光秀の所にやって来て、光秀の従来の分国である丹波・近江を召し上げて、出雲・石見を与える、という信長の意を、申し捨てて帰ったというわけです。

ところで、この青山与三という人物です。『明智軍記』の記述では、まさに、「虎の威を借るきつね」という言葉が当てはまる人物だと、思われます。『信長公記』には、三か所ほど登場してきますが、信長の若いころの「おとな」、これは、宿老という意味ですが、その一人として登場しています。けれども、光秀が活躍する時代に、登場する人物ではありません。信長の文書とそれに関係する人物の文書は、奥野高廣さんの『織田信長文書の研究』に集約されていますが、青山与三なる人物の文書などは、一通もありません。

また、国替という問題です。一体、信長の時代に、この国替という実例は、まことに乏しいのです。現存する信長の文書を見ましても、わずかに、一例があるだけです。天正九（一五八一）年十月二日

付で、前田利家に与えた朱印状、これは、信長の朱印のある文書ですが、これによると、利家を越前（福井県）府中から能登（石川県）の七尾に移します。しかし、まもなく、利家の長男の利長が、越前府中に入っているので、いわゆる国替のイメージとは全く異なります。

この国替は、秀吉の時代、天正十一（一五八三）年の賤ヶ岳の合戦後に本格化してきますが、江戸時代の国替の考え方で書かれた、『明智軍記』の内容は、やはり信用することはできないでしょう。

第一、まだ、自分の領地となっていない、出雲と石見（共に島根県）の国、これを取って生活しろ、というわけです。一体、それまでの間、光秀やその部下たちは、どう生活していけばよいのでしょうか。いかに、晩年に専制的傾向を強めてきた信長といえども、このような無茶をするわけがありません。

実は、この『明智軍記』は、光秀の死後、約百二十年後の元禄十五（一七〇二）年に、刊行された作品なのです。光秀研究に貴重な業績を残された高柳光壽さんは、その著『明智光秀』（人物叢書、昭和三十三年、吉川弘文館）に、

> この『明智軍記』は、誤謬充満の悪書であるから、以下、光秀の経歴を述べるところでは、引用しないことを断っておく。

と述べています。この本が、そういう本であることを、ご理解いただきたいわけです。

そこで、まず、光秀の手紙を一通読んでみましょう。この文書は、秀吉と連名で書かれていますの

で、秀吉の手紙でもあるわけです。「手紙番号⑪」です。

〔手紙番号⑪〕（『沢房次氏所蔵文書』）

猶以て、定納四百石宛に相定め候也、以上、

城州賀茂庄の内、先々より落し来り候田畠、少分たりと雖も、御下知の旨に任せ、賀茂売買の舛(ます)にて、毎年四百石宛運上すべし、幷(ならびに)軍役百人宛、陣詰(じんづめ)有るべきの由、其の意を得(え)候、聊(いささ)かも如(じょ)在(さい)有るべからざる事、肝要に候、恐々謹言、

木下藤吉郎

（永禄十二年）四月十四日　秀吉（花押）

明智十兵衛尉

光秀（花押）

賀茂庄中

この文書は、秀吉と光秀の二人だけで差し出した珍しい文書で、山城（京都府）賀茂荘中にあてたものです。

その内容は、賀茂荘の内で、従来、税を見遁(みのが)してきた田畠については、将軍足利義昭の命令に任せ

て、賀茂の売買の舛で、毎年四百石を差し出せ、また、軍役、これは所領を持っている人が、主君に対して負う軍事上の負担ですが、その軍役として百人ずつ陣詰せよ、というのです。

この文書には、年号が記されていませんが、同内容の永禄十二（一五六九）年四月十日付の、義昭の家臣の諏訪俊郷と飯尾貞遙の連署状、これを幕府奉行人奉書といいますが、これがありますので、同年の文書であるわけです。つまり、信長が義昭を奉じて上洛した、翌年の文書です。

当時は、義昭と信長の協力体制の政治形態でしたから、義昭の命をうけたその家臣の文書と、信長の命をうけたその家臣の文書が、一対となって、政令が出されるというのが基本でした。信長の家臣として、光秀も秀吉も同じ立場で、この文書を差し出しているわけです。

光秀の前歴については、はっきりしたことはわかりませんが、この「手紙番号⑪」は、確実なもので、文書の上での光秀の史上への初登場ということになります。つまり、光秀と秀吉は、ほぼ同じ時期に、同じ立場で、史上に登場してきた、といってよいでしょう。

ところが、この二人は、これまでの経歴を全く異にしていました。

ここが重要なポイントですが、秀吉が、信長の全くの子飼いの家臣で成長してきたのに対して、光秀は、信長の家臣となる以前に、越前（福井県）の朝倉義景に仕えたことがあり、しかも、一時、義景の許に身を寄せていた、のちの将軍義昭とも、相当に深い関係を持っていたことに、注目しておかなくてはならないでしょう。

このような光秀と義昭の微妙な関係を背景にして、信長の家臣の中で、光秀が特色ある立場に、身を置くようになることを、考えに入れておかなければなりません。

この光秀と義昭の微妙な関係について、具体的にいいますと、光秀が信長の家臣となってからも、光秀は義昭から所領、つまり生活費ですが、これをもらっていた事実があります。このように、義昭が将軍としての地位を保っていた時代において、信長の家臣の中で、光秀のような義昭との関係を持っていた人物は、外に例がない、といってよいでしょう。

少々、話が前に戻りますが、永禄十一（一五六八）年九月、信長は義昭を奉じて入京し、同年十月、義昭は念願の室町幕府の十五代将軍となり、ここに幕府が再興されました。

この過程で、信長は、これまでの信長の陣営に見られなかった、多くの協力者を得ます。特に、明智光秀と細川藤孝（のちの幽斎）の活躍は、目覚ましいものがありました。このことは、義昭と信長との協力体制で、新しく政治が展開し出すようになってからは、一層その度合いを増していきます。

つまり、信長が新しく体験することとなった将軍家をはじめ、朝廷、公家衆、京都やその周辺の諸寺社との政治的交渉には、光秀や藤孝を中心とした、義昭に仕えている幕府衆の協力が必要だったわけです。特に、光秀の立場は微妙で、元亀二（一五七一）年十二月ごろまでは、信長に仕えると同時に、義昭にも仕えていたわけです。この点は、高柳光壽さんも、早くから指摘されているところです。

さて、信長と義昭の協力体制で、新政権が誕生したわけですが、この両者は、次第に意見の衝突を見るようになります。といいますのは、将軍となっても、義昭は、信長の存在を常に意識しながら、政治を行わなければならなかったからなのです。特に、信長と義昭との間で取り交わされた、元亀元（一五七〇）年正月の条書、これは約束事を書き並べた文書ですが、これを見ますと、信長は、もはや義昭を無視して、自分の考えで一切物事を進めていく、という意志表示をしています。この文書のあて名は、光秀と日乗上人になっていますが、文書の証人に光秀がなっているというところに、光秀の微妙な立場を認識することができます。

一方、義昭もそのまま引き下がるようなことはしません。将軍の権力を存分に生かし切り、諸国の大名に呼びかけて、反信長勢力の結集に尽力します。ところが、天下に敵なし、の当時の信長の軍勢です。将軍自ら信長に叛旗（はんき）をひるがえしたわけですが、天正元（一五七三）年七月十八日、義昭は信長の攻撃を受け、居城の山城（京都府）槙島（まきのしま）城を退去し、ここで、室町幕府が滅亡したというわけです。

それでは、これまで、足利義昭に仕えていた人々は、どうなったのでしょうか。その点を次章で考えてみましょう。

第十一章　秀吉、光秀の家臣をつぎつぎと許す

さて、天正元（一五七三）年七月十八日、将軍義昭は、信長の攻撃によって、居城の山城（京都府）槙島城を退去します。将軍が京都を離れることによって、室町幕府が滅亡し、名実ともに、新しい、信長の時代が出現したわけです。

それでは、義昭に仕えていた人々は、どのようになったのでしょうか。それを、この章で考えてみたいと思います。

わかりやすく整理してみましょう。

第一に、真木嶋昭光（まきのしまあきみつ）のように、義昭の死まで、義昭とともに行動した人々がいます。義昭は、慶長二（一五九七）年八月二十八日、大坂で六十一歳で亡くなりますが、ちょうど、秀吉の死の一年前です。

第二に、細川藤孝（幽斎）のように、信長に仕えるようになった人々がいます。

そして、第三に、光秀に仕えるようになった、伊勢貞興（いせさだおき）のような旧幕府衆の人々がいます。

そこで、光秀の家臣団は、どのようであったのか、ということを見てみましょう。

まず、当然、一族衆というグループがいます。光秀の女婿の明智秀満、母が光秀の叔母だったという斎藤利三などがいます。

次に、光秀は、元亀二（一五七一）年九月、信長から近江（滋賀県）滋賀郡を与えられ、坂本城を本拠としていましたが、すでに、京都に屋敷を持っていたことが、当時の日記の『言継卿記』に、散見しています。この京都と坂本を結ぶ、いわばこの地理的線上に居住していた土豪や地侍（じざむらい）が、光秀の配下にありました。いわゆる、山城衆（やましろしゅう）といわれるグループです。山城愛宕郡高野の地侍佐竹宗実（さたけむねざね）、近江滋賀郡山中の土豪の磯谷新右衛門尉などがいます。

そして、義昭に仕えていた旧幕府衆のグループです。伊勢貞興・三淵藤英（みぶちふじひで）・千秋輝季といった人々がいます。

ところで、このような特色あるグループ、つまり、山城衆といわれる京都と、その近辺に生活の基盤をもっていた人々、また、かつて義昭に仕えていた人々、このような特色ある人的構成の家臣団をもっていた人物は、信長の有力武将の中では、光秀の外に誰もおりません。

光秀の場合よりも、ややその規模が小さくなりますが、細川藤孝の家臣団が、これに近いのです。けれども、藤孝は、長男忠興が光秀の娘ガラシャと結婚していますので、光秀の縁者であるわけです。しかも、藤孝は光秀の組下（くみした）（軍事上の配下）という関係にありましたので、信長の家臣の中にあって、光秀の家臣団は、異色の存在であった、と理解してよいと思います。

これに対して、秀吉の家臣団はどうでしょうか。秀吉の場合も、光秀と同じように、幕府滅亡後に、新たな変革がありました。天正元（一五七三）年九月、秀吉が信長から、滅亡した浅井氏の旧領を与えられたからです。

秀吉の家臣団につきましては、桑田忠親さんの『太閤家臣団』（昭和四十六年、新人物往来社）に詳しいのですが、秀吉の一族衆の外に、新たに加わった近江衆、その代表的な人物が石田三成ですが、その近江衆が、秀吉の家臣団を中心的に発展させていった、ということに、異論はないでしょう。

以上のように、光秀と秀吉の家臣団の構成を見ますと、両者の家臣団は、その基盤を全く異にしていたわけです。しかも、その家臣団の長たる光秀と秀吉は、秀吉が全く信長の子飼い的立場で成長してきたのに対して、光秀は、あくまでも、実力のある「部外者」であったわけです。

江村専斎[30]の話を集めた『老人雑話』という本には、「秀吉は、信長の手の者（手に入った物）の様で、その上磊落の気質なので人に対して言葉が常に驕っていた。一方、光秀は外様の様で、その上、謹厚の人なので、言葉は常に慇懃であった」とあります。まことに、両者を見事に寸描しているように思います。

この両者の立場の相違は、晩年に一層専制的な性格を加えてきた主君信長に、どのように反応したのでしょうか。集団社会において、「実力のある部外者としての苦しみ」、この光秀の感情を理解できなくては、本能寺の変の起因は、わからないと思っています。

さて、本能寺の変に遭遇した秀吉の対応です。

秀吉は、光秀の叛逆については、生涯、至るところでその非を捲(まく)し立てており、第十三章で読む『金井文書』(「手紙番号⑭一二六〜一三二ページ」)の秀吉書状写では、「明知(智)め逆心を構え、上様(信長)京都に御座候を、夜討同前にいたし、御腹をめさせ候」と言い、『真田文書』の秀吉朱印状では、「明智日向守光秀、無道の故を以て、信長公を討ち奉る」と言っています。

光秀の死後、秀吉は、光秀の重臣明智秀満を近江坂本城に自刃させ、同じく重臣の斎藤利三には、極刑をもって対処したわけですが、信長の死に直面した秀吉の真情は、一体、どのようであったのでしょうか。

これは、全くの私見にすぎませんが、次に述べる具体的事実を考えてみますと、光秀の叛逆についての秀吉の真情には、やむを得なかったことと、同情している部分があるように思えてなりません。

その具体的事実というのは、秀吉が光秀の死後に、光秀の家臣や関係者を、次々と許していることなのです。

何人か具体例をあげてみましょう。

最初に、光秀の重臣佐竹出羽守宗実です。

この人物は、山城愛宕郡高野(現京都市左京区)の地侍ですが、その事績はあまり知られていません。

しかし、宗実の妹が、京都吉田神社の神主である吉田兼見(よしだかねみ)の室と「姉妹」であった関係から、『兼見卿記』には、しばしば登場してきます。

その『兼見卿記』によると、天正七（一五七九）年六月、宗実は、光秀の丹波八上城攻撃に参加し、負傷しています。このときは、宗実の弟佐竹左近允も、同じく負傷をしており、兼見は早速、見舞いの使いを遣わしています。

また、天正十（一五八二）年正月二十日、兼見は新年の挨拶のため、光秀の居城坂本で光秀に面会し、夕食を共にしました。このとき光秀への取り次ぎ役が、宗実の弟の佐竹弥吉でした。このように、宗実は兄弟ともども、光秀に仕えていたわけです。

本能寺の変における宗実の行動は明らかではありませんが、『兼見卿記』の天正十年七月二十日の条には、次のように記されています。

佐出（佐竹出羽守宗実）、筑州（秀吉）へ礼の儀、相調い、山崎へ下向、対面の由使者なり、今度生害すべきの段、相極るの処、別義無し、八巣加小六（蜂須賀正勝）馳走云々、

本能寺の変から、二か月ほど後のことですが、「佐竹出羽守宗実が、秀吉に対して挨拶することが調い、宗実が秀吉のいる山崎に下向し、秀吉と対面したという使いが、宗実から兼見の所に来た。今度、宗実が自害することになってはいたが、その必要はない、ということだ。この件については、秀吉の側近である蜂須賀正勝が尽力した」、というのです。秀吉が宗実を許した、というわけです。

この後、宗実は、秀吉の盟友丹羽長秀に仕えるようになり、三百石の知行を与えられました。そし

て、長秀の死後は、長秀の息子長重に仕え、天正十五（一五八七）年の九州の陣にも、従軍しています。その後は、京都の東山真如堂に隠居し、『兼見卿記』によれば、天正十八（一五九〇）年九月二十三日に没しました。親類の兼見は、「去年より乱心也、不便の仕合也」、と感想をもらしています。光秀の家臣の最期でした。

次に、伊勢因幡入道貞知（さだとも）の場合を見てみましょう、貞知は、光秀の重臣伊勢貞興の同族でした。この貞興は、義昭から光秀に仕えるようになった旧幕府衆で、山科言経の日記『言経卿記（ときつねきょうき）』によりますと、天正十（一五八二）年六月十三日の山崎の合戦では、「一、惟任（これとう）日向守（光秀）、山崎において合戦、即時に敗北、伊勢守（伊勢貞興）已下三十余人討死」、とあるように、この合戦で、光秀方の戦死者のトップに、その名があがっているほどの人物なのです。

一方、貞知も義昭に仕えた旧幕府衆であり、室町幕府滅亡後は、近衛前久（このえさきひさ）[31]に仕えました。信長が取り持った天正八（一五八〇）年八月の、島津氏と大友氏の和睦交渉のときには、両氏のもとに派遣されています。貞知は当時、因幡守を称していましたので、本能寺の変を期に、出家入道したのでしょう。そして、秀吉にその去就を仰いだことが、次の秀吉の京都奉行であった杉原家次の書状からわかります。『尊経閣古文書纂』にある文書です。

態（わざ）と啓上せしめ候、仍（よ）って御身上の儀、筑州（秀吉）幷（なら）びに内儀（おね）よりも、馳走せしむべき旨に候、向後において、御用の事候わば、仰せを蒙り、相応の儀、疎意を存ずべからず候、自

然たれ〳〵理不尽の族（やから）、申し懸くるにおいては、仰せ知らさるべく候、堅く申し付くべく候、

恐々謹言、

杉原七郎左衛門尉

家次（花押）

（天正十年）九月二日

（貞知）伊勢因幡入道殿

人々御中

この文書は、本能寺の変の三か月後、杉原家次から貞知にあてて出されたもので、「貞知の身上については、秀吉ならびに秀吉室おねから、尽力するということである。今後、御用のことがあれば、承って相応に処理する。誰人であれ、理不尽のことを申し懸ける者があれば、知らされよ、厳重に対処する」、と言っています。

つまり、貞知は、光秀の関係者なのですが、秀吉やおねの尽力によって、許されるわけです。

終わりに、磯谷彦四郎の場合を見てみましょう。彦四郎は、光秀の麾下にあった近江（滋賀県）滋賀郡山中の土豪、磯谷新右衛門尉の息子です。『兼見卿記』によりますと、光秀は、彦四郎の元服のときに名付親（なづけおや）になっています。そして、彦四郎の同族の磯谷新介・磯谷小四郎は、共に光秀の家臣でした。『兼見卿記』の天正十一（一五八三）年五月十八日の条を見ますと、彦四郎は秀吉から許され、元の自分の本拠地である近江滋賀郡山中に戻り、生活することができたわけです。

以上、光秀の死後に、秀吉に許された光秀の家臣や光秀の関係者を見てきましたが、本能寺の変に直面した秀吉の真情は、どのようであったのでしょうか。

『明良洪範(めいりょうこうはん) 続篇』(32)という本によりますと、本能寺の変報に接した秀吉に、側(そば)に居た黒田孝高が、「さてさて天の加護を得られましたな。もはや、御心のままになりました」、と言ったとありますが、秀吉の本心はどうだったのでしょうか。これは、想像におまかせする以外にはないでしょう。

もともと、秀吉の戦略においては、主謀者は極刑にしますが、その部下に対しては、あくまでも寛容に対処する、というのが、モットーでした。播磨三木城主別所長治・備中高松城主清水宗治に対する処置を見れば、そのことは明らかでしょう。けれども、これらの戦いは、すべて一地方の局地戦です。決して天下を意識しての戦闘ではありません。

それに比べて、光秀との山崎の合戦は、まさしく、天下をかけての合戦といってよいでしょう。光秀の家臣を、次々と許していく秀吉には、従来とは異なった配慮があったと考えられます。

かつて、光秀と二人だけで、文書を出したことのある秀吉(「手紙番号⑪」一〇一ページ参照)。その光秀が信長を殺し、秀吉が光秀を殺した。秀吉は、本能寺の変という政変を体験し、一体、何を体得したのでしょうか。

わたくしは、やはり、人間の集団の姿はどのようにあるべきか。そして、その集団の長に立つ人間は、どのようにあるべきか。このテーマを、本能寺の変を体験することによって、自ら生かし切ることのできた人物として、秀吉という人物を高く評価したいわけです。

第十二章　現存する唯一の秀吉の血判起請文

この章では、わが国に現存する唯一の、秀吉の血判起請文を読んでみましょう。

起請文というのは、文書の差し出し人と、あて名に書かれた人との間で、いろいろと取り決める条項について、神仏に誓って厳守すること、違背した場合には、神仏の罰を受けることを、誓約した文書のことをいいます。そして取り決められた事柄について、一層の誠意を示すために、文書の署名や花押の上に、指から出した血を付けた文書が、血判起請文です。

秀吉の場合、この文書がわが国においてただ一点残っています。天正十（一五八二）年七月十一日付で、長岡（細川）藤孝とその子忠興に与えた文書です。これが、「手紙番号⑫」（一一六〜一一九ページ）の『細川家文書』です。

細川藤孝については、前にも少々述べましたが、将軍義昭の重臣でした。しかし、信長と義昭が争うようになりますと、藤孝は、信長に与します。その忠節によって、信長から、天正元（一五七三）年七月十日付で、山城（京都府）長岡の地を拝領します。それで、姓を細川から長岡と改めるわけです。室町幕府は、同じ月の十八日に滅びますが、その直前のことでした。

本能寺の変に際して、藤孝は、剃髪して幽斎と号しますが、信長政権の下では、藤孝は、明智光秀の組下（軍事上の配下にあること）であり、息子の忠興の妻は、光秀の娘玉（ガラシャ）ですから、光秀とは親類関係にあったわけです。本能寺の変後、光秀は当然、藤孝・忠興父子が、自分に味方すると考えていました。

そこで、光秀は、本能寺の変後、七日経った天正十（一五八二）年六月九日付で、自筆の覚書（『細川家文書』）を与え、この父子を誘いますが、拒絶されてしまいます。

山崎の合戦で、秀吉が光秀を討った後、いわば中立的立場を堅持し、光秀に与しなかった藤孝父子に、危機を脱した秀吉が与えた文書が、この血判起請文なのです。

三か条の約束ごとが書かれていますので、順次番号をつけて、読んでみましょう。

「第一条、今度、信長の御不慮について、比類のないお覚悟持、これは、光秀に与しなかったことを言っているわけです。そのことを頼もしく思います。特にわたくしと御入魂の上は、表裏や不正は一切せず、御身上は見放すことはありません。

第二条、心に思うことは、残らずあなた方のために良いように、意見を申します。

第三条、其の方で心にかけている者については、お互いに直接に談合して、済ませましょう」。

と誓っているわけです。

そして、もし以上のことが偽であったならば、梵天、帝釈以下、神様の名前がたくさんあがって

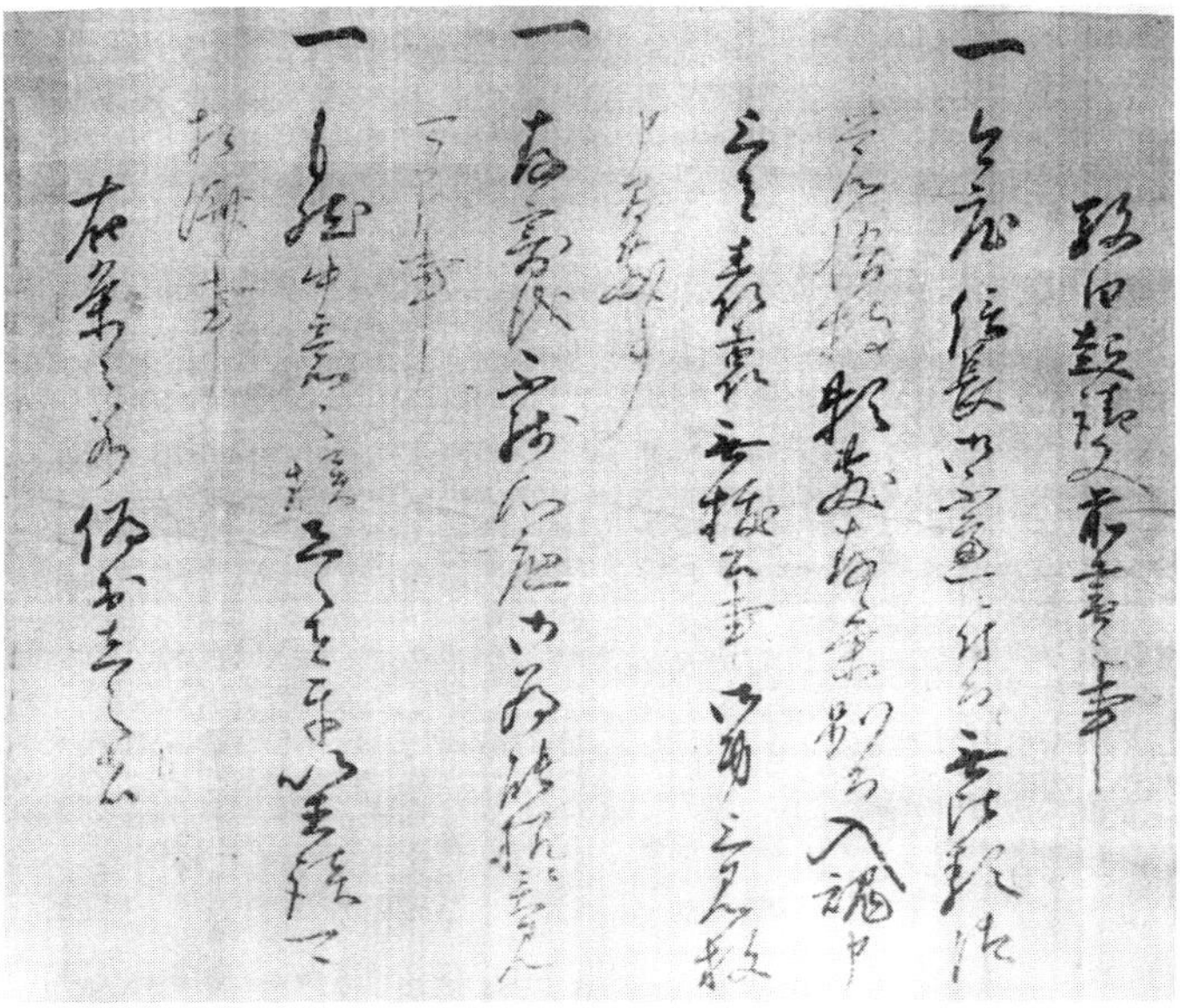

〔手紙番号⑫〕『細川家文書』永青文庫所蔵（『大日本史料第十一編之二』より複写使用）

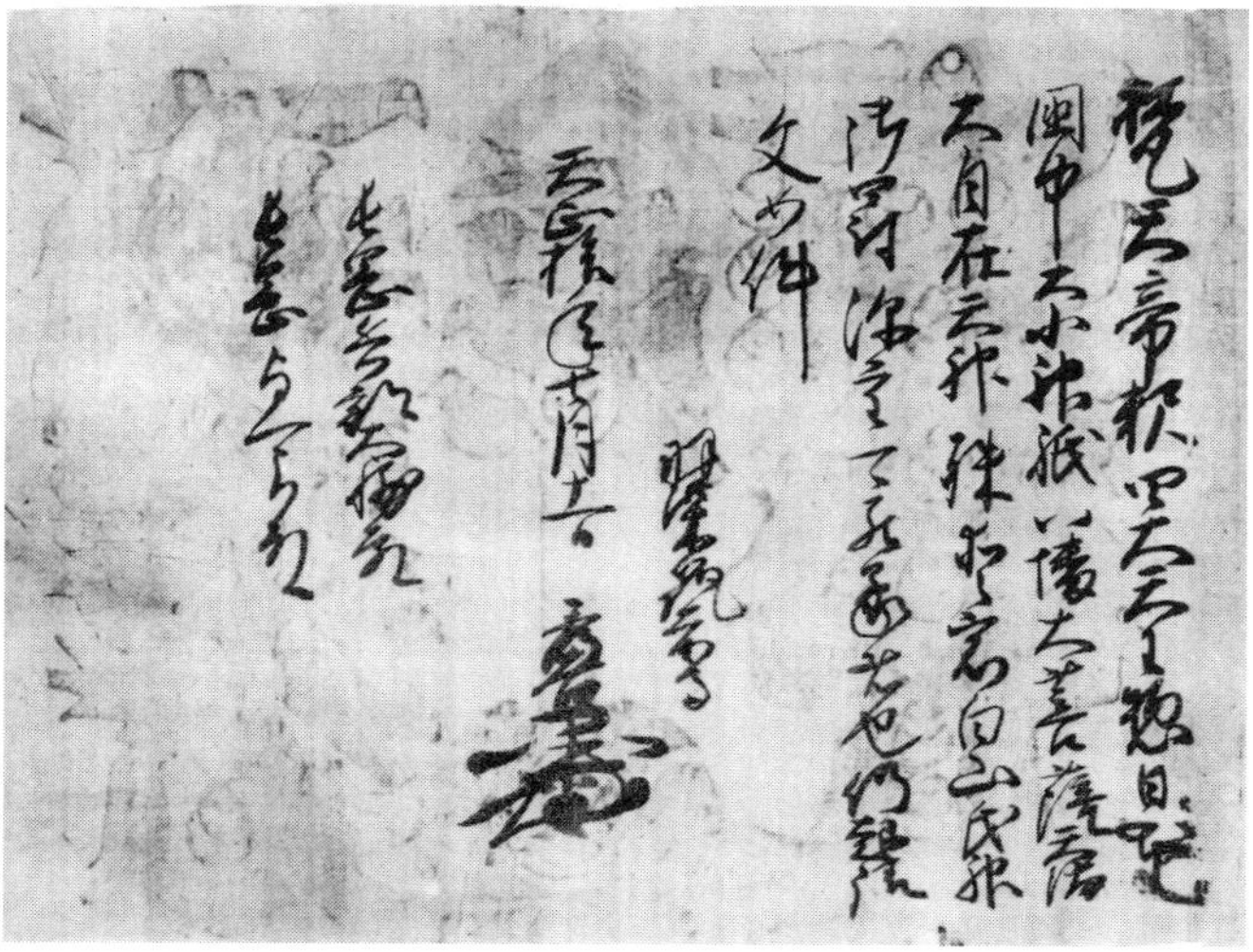

〔手紙番号⑫〕（『細川家文書』）

敬白起請文前書の事

一、(1)今度信長御不慮に付いて、比類なき御覚悟持(もち)、頼敷(たのもしく)存じ候条、別して入魂(じっこん)申す上は、表裏、抜公事(ぬけくじ)なく、御身上(しんしょう)見放し申す間(ま)敷(じき)事、

一、(2)存じ寄る儀、心底残らず、御為能(よ)き様に、異見申すべき事、

一、(3)自然中意(ちゅうい)の族これあらば、互いに直談を以て、相済すべき事、

右の条々、若(も)し偽(いつわり)これあるにおいては、

（以下神文）
梵天・帝釈・四大天王、惣じて日本国中大小神祇・八幡大菩薩・天満大自在天神、殊には愛宕・白山・氏神の御罰深重に罷り蒙るべき者なり、仍って起請文件（くだん）の如し、

羽柴筑前守
秀吉（花押）（血判）

天正拾年七月十一日
長岡兵部太輔殿（藤孝）（大）
長岡与一郎殿（忠興）

いますが、このような神様の罰を受けるであろう、と言っています。

写真でおわかりのように、ここの部分は、神文の部分で、熊野神社の牛王宝印、これは、神社から出される厄難よけのお札ですが、これを裏返した紙の部分に書かれています。これは、誓った内容に、人間以外の権威を附与することによって、一層その内容を確実にするという当時の風習なのです。そこで、秀吉もこの料紙（紙）を使用しているわけです。

この後は、藤孝より、むしろ息子の忠興の活躍する時代に入っていきますが、細川家が戦国の動乱を乗り切り、今日まで存続しえた背景には、秀吉の苦境を救った藤孝・忠興の功績があったわけです。

それでは、信長の血判起請文は、残っているのでしょうか。もちろん、原本でなくてはなりません。わが国においては、これが二点残っています。

いずれも、西本願寺の所蔵されるもので、信長から、正親町天皇の側近であります庭田重保と勧修寺晴豊に与えた、天正八（一五八〇）年三月十七日付の文書と、本願寺の光寿（教如上人）に与えた、同年七月十七日付の文書です。

信長は、数年にわたって、本願寺の光佐（顕如上人）と抗争を続けてきましたが、天正八年閏三月五日、両者の和議が成立して、顕如は、同年四月九日、大坂城を息子の光寿（教如上人）に渡して、紀伊（和歌山県）の雑賀に退きます。同年の三月十七日付の信長の血判起請文は、両者の和睦条件を記しているものです。

ところが、光寿が、大坂城に籠城して、この城を信長に引き渡しません。この間、信長は、その政権の威信をかけて、苦闘を繰り返しますが、光寿の退城が確定しました。その条件を決定したのが、同年七月十七日付のもう一通の、信長の血判起請文です。いかに、信長にとって重大な文書であったかは、この二通の文書に、信長の血判が見えることで理解できるでしょう。

それでは、この信長の政権にかかわる重要な文書を書いた、信長の右筆は、一体、誰だったのでしょうか。

この人物こそ、楠長諳（くすのきちょうあん）その人であったのです。

わたくしの、長諳についての研究は、奈良県の法隆寺が所蔵する、長諳の自筆書状からスタートをしました。この文書は、長諳の筆蹟、そして、長諳が信長の右筆であったことを理解することのできる貴重な文書でした。

はじめて具体例をあげて、長諳が執筆した多くの信長の文書を、識別することができたのも、この長諳の自筆文書のお蔭でした。

それでは、今、ここに引用しました「手紙番号⑫」の、秀吉の血判起請文。これを書いた秀吉の右筆は、一体、誰だったのでしょうか。

この人物も、やはり、長諳その人であったわけです。

ところで、血判起請文の、その政権上に占める位置の重要性については、すでにおわかりでしょうが、それを書く右筆というものは、いわば、「右筆の中の右筆」といってよいでしょう。長諳が、信長や秀吉から、右筆としていかに高く評価されていたかが、ご理解いただけたと思います。

さて、この長諳という人物です。最初は、松永久秀の右筆でした。久秀は、信長の上洛以前に、京都や奈良において、最も権力を持っていた人物です。その長諳を、信長が自分の右筆として抜擢(ばってき)したのです。信長の死ぬ直前に、すでにこの長諳が、秀吉の文書を書いてやっていた、こともありました。

本能寺の変後、長諳は早くも秀吉の右筆として登場します。この章で取り上げました、「手紙番号⑫」の秀吉の血判起請文の日付は、本能寺の変後、約一か月ほど経(た)った、天正十年七月十一日付です。それも、秀吉の政権の存続にかかわる文書ですから、その意味がご理解いただけるでしょう。

信長政権と秀吉政権、この二つの政権は、長諳という有能な右筆によって、強力に結びつき、そして、発展していったという事実を、忘れてはならないでしょう。もちろん、信長や秀吉の右筆は、長諳一人ではありません。多くの右筆がこの仕事に、かかわっていたわけですが、「右筆の中の右筆」としての長諳の活動には、目をみはるものがあります。そして、長諳を登用した人物が、信長であり、秀吉であったわけです。

第十三章　清洲会議を終わって㈠

さて、明智光秀は滅ぼされました。次に、大きな問題として残ったことは、誰を信長の後継者とするか、ということです。

信長の次男信雄、三男信孝は、健在です。信長の長男信忠は、信長が光秀に、本能寺で襲撃されたときに、信長と一緒になって戦おうとしたのですが、本能寺に入ることができずに、近くの二条御所に拠り、光秀の兵と戦って自殺します。この信忠の子三法師（のちの秀信）が健在です。このとき、三歳でした。

一方、柴田勝家をはじめとする信長の重臣たち、もちろん、秀吉もその一人ですが、いろいろな人物が、虎視眈眈として、信長の後継者たらんと、その地位をうかがっていたわけです。

そこで、本能寺の変から、二十五日後の天正十（一五八二）年六月二十七日、勝家・秀吉・惟住（丹羽）長秀・池田恒興らが、尾張（愛知県）清洲城に集まり、会議を開きました。世にいう「清洲会議」です。この会議で、信長の継嗣を三法師と定め、信長の遺領を処分し、四人の宿老、これは、勝家・秀吉・長秀・恒興ですが、この人々が中心となって、政治を行っていくことが決定しました。

このことに関係する一例として、次の、「手紙番号⑬」の文書を見てみましょう。

〔手紙番号⑬〕（『塚本文書』）

（摂津）能勢郡の内参千石、江州佐久間分の内千石、都合四千石、御知行相違あるべからざるの状、件(くだん)の如し、

天正十

六月廿七日

（丹羽）惟住五郎左衛門尉

長秀（花押）

羽柴筑前守

秀吉（花押）

池田勝三郎

（恒）経興（花押）

柴田修理亮

勝家（花押）

高山右近助殿（長房）

この文書は、山崎の合戦に参加し、軍功のあった高山長房(ながふさ)に摂津（大阪府）能勢郡と近江（滋賀県）

の中から、合計四千石を与えるというもので、清洲会議のあった日に、差し出されたものです。なるほど、この会議で決められた四人のメンバーが署名していますが、長秀と恒興は、秀吉派ですから、勝家は苦しい立場となります。

また、勝家は、この会議で秀吉の旧領滋賀県の北部と、長浜城を与えられますが、本拠地は、越前北の荘（福井市）です。やはり、京都から離れますから、京都を中心に活動している秀吉とは異なります。雪の多い冬も勝家は体験しなければなりません。これらの条件も、勝家の活動を大きく規制し、やがて対決する秀吉の戦略を有利に展開させたことも、ここで考えに入れておきましょう。

さて、このような政治情勢の中で、秀吉は、この年十月十五日、秀吉の養子で信長の遺児秀勝とともに、京都大徳寺で信長の葬儀を行います。この実績の上に立って、秀吉は、三日後の十八日に、書状を、信長の三男信孝の老臣斎藤玄蕃允と岡本太郎左衛門の二人のあて名で信孝に与えたのです。ここで秀吉は、信孝に圧力をかけます。信孝も秀吉の有力なライバルであったからです。二十四か条に及ぶ長文の文書ですが、本能寺の変後、この日まで秀吉が何を考え、どのように行動してきたのかということが、ありありと書かれていますので、順次、番号をつけて読んでみましょう。長文ですので、この章では、原文のみをかかげ、次章で解釈してみましょう。「手紙番号⑭」の文書です。

〔手紙番号⑭〕（『金井文書』）

先度は御書に預り、謹んで拝見仕り候、柴田(勝家)我等間柄、何と哉覧(やらん)聞こし召され、御肝煎(おきもいり)なさるべき由、忝(かたじけ)なく存じ奉り候、去(さ)り乍(なが)ら、右に相定め申し候一書、幷に誓紙、血判の筈相違申し候へば、何たる儀も入り申す間敷存じ候事、

一、(1)信孝様・三助(信雄)様、其の外、家康誓紙、幷に宿老共の一札以下、未来を大事に存じ、我等かたに所持仕り候事、

一、(2)御兄弟様多く御座候と雖(いえど)も、別して前々より御目に懸けられ候条、今以て左様に御座有るべきと、存じ候へば、我等程御目を懸けられ候者、多く出来候故、跡へ罷り成り、無念に存じ候事、

一、(3)信孝様・三助様御両人、御名代御あらそひなされ候に付て、何を御名代に立て置き候はんと、宿老共清須にて談合せしめ候処、信忠様御子(秀信)を取り立て申し、宿老共として、もりたて申すべきと相定め、御兄弟の儀を伺い候へば、尤(もっと)もの由、仰せ出され候間、四人の宿老共、かやうにも御座有るべきと存じ、御誓紙をしるべと、清須より岐阜へ御供申し、信孝様、若君様を預け申し候事、

一、(4)日数幾程無く御座候に、安土へ若君様を移し参らせらるましき由、信孝様仰せられ候て、今において、其の儀、御座なく候事、

一、(5)御両人の御兄弟様と、御名代を御あらそひにて御座候に付て、御主にことをかき、迷惑仕り候、御次(秀勝)も御存知なされる如く、十五六に御成り候て、武者をも致され候間、御主に用申ても、人笑い申す間敷といへとも、我等養子にいたし候間、八幡大菩薩・愛宕(あたご)も御照覧あれ、御主に用させ候事、たれ〳〵申し候共、これ有る間敷と、ふつつと思い切り候事、

一、(6)何様に賢人をさはき、何たる儀も、信孝様御事は申すに及ばず、御一類迄も御進退成り候はぬをば、馳走申すべきと存じ候に、何事にて御座候哉、御兄弟様、其の外、御宿老衆の御悪(おにく)みを請(う)け申し候儀、迷惑に存候事、

一、(7)御存知の如く、上様(信長)御存生の御時も、我等(に脱カ)は播州・但州を下され、其の上、北郡(近江)、(被下脱カ)今において、不甲斐(ふがい)なく御座候と雖も、西国の先懸仕り候へと、上様仰せ出され候に付て、播州在陣致し候処に、三木の別所(長治)謀叛を企て、筑前迷惑仕り候処に、重ねて、荒木摂州(村重)、伊丹にこれ在り、謀叛を仕る上は、通路を取り切り申し候と雖も、終に別所が首を刎ね申し候に付て、上様、重々(かさねがさね)御褒美・御感状に預り、其の上、但州金山・御茶湯道具以下迄、取り揃え下さる、御茶湯は、御政道と雖も、我等は免(ゆる)し置かれ、茶湯を仕るべしと仰せ出され候事、今生・後世、忘れ難く存じ候、たれやの御人か、ゆるしものにさせらるべきと、存じ出で候へは、夜昼泪(なみだ)をうがめ、御一類の御事迄、あだにも存ぜず候事、

一、(8)右の御褒美の事は申すに及ばず、安土へ伺公致し、上様の御目に懸(かか)り候へは、御座所へ召し

上げられ候て、筑前が額(ひたい)をなでさせられ、侍程の者は、筑前にあやかり度(た)く存ずべしと、仰せ出され候に付て、猶々はげみをいたし、去年にて御座候哉、因州の内、鳥取の城、名城たりと雖も取り巻き申し、悉(ことごと)く首を刎ね、是れ又、因幡一国の事は申すに及ばず、伯耆の国中迄、本意に仕り候事、

一、(9) 明知め、逆心を構え、上様京都に御座候を、夜討同前にいたし、御腹をめさせ候、我等在京をもいたしこれあるにおいては、小者一僕にて成り共、御座所へ走り入り、腹十文字に切候共、本意の上にて御坐候に、其の刻(きざみ)、備中の国へ罷り越し、かわや(河屋)の城・すくも(巣蜘)の城責崩し、悉く首を刎ね申候て、重ねて高松と申城は名城にて、三方にふけ(深田)を抱き、其の上、堀ひろく、たけ(丈)たち申さずに付て、力責(ちからぜめ)に成り申さず、水責にいたすべきと、筑前見及び申し候て、右の高松取り巻き、堤をつかせ、水はや土居半分にあがり、城迷惑仕り候に付て、西国悉く催し、毛利一類後巻(あとまき)に罷り出で、五万計(ばかり)にて、筑前二三万にて取り巻き候所へ、五六町に罷り越し、相陣(あいじん)をかまえ、後巻仕るべきに、敵相定め申し候事、

一、(10) 右の陣取り、筑前後巻を用いず、猶々(なおなお)堅く取り巻き申候へば、城主(清水宗治)腹を切り申すべしと、懇望申し候へ共、免し申さず候処に、六月二日、京都において、上様御腹めされ候由、同四日に注進御座候、筑前おどろき入り存じ候と雖も、御腹の御共こそ申さず候共、此の陣においては、本意に任せ、城の事は申すに及ばず、毛利を切崩し、首を刎ね申し候わば、明智退治の儀は、

　やすく御座候と存じ切り、終に、城主の事は申すに及ばず、悉く首を刎ね申し候事、
一、(11)手前隙を明け申し候間、毛利陣所へ切り懸け、切り崩すべきに相定め候処、毛利懇望せしめ、国を五ツ、筑前に、人質において両人迄相渡し申すべき由、申し候へ共、許容申す間敷に相定むと雖も、明知め討果たし申し度きに付て、毛利一書、幷に血判、人質両人迄請け取り、同七日、廿七里の所を、一日一夜に播州姫路へ打ち入り候事、
一、(12)人馬をも相休め、切り上り申すべきと存じ候処、信孝様大坂に御座候を、明知め河内へ乱入せしめ、はや大坂を取り巻き、御腹を召すべきの由、八日の酉の刻に、風便に御注進候の間、若し信孝様御腹を召され候ては、なにかも入らざる儀と存じ、夜昼なしに、十一日の辰の刻に、尼崎迄著陣せしめ、人数相揃わず、討死仕りても、川(淀)を越し、後巻致し申すべきに相定め候事、
一、(13)同十二日に、池田(恒興)を同道致し、同じく中川瀬兵衛(清秀)　高山右近(長房)談合せしめ、山崎表へ馳せ上り申し候へ共、高山と中川瀬兵衛と御先をあらそひ候間、筑前申様には、高山申すも余儀なく候、手先の儀に候条、一番合戦候処に、陣取りをかため、瀬兵衛と申し談じ、合戦の陣取り尤の由申候て、両人は山崎の内に陣取りを固めさせ、それより次の天神の馬場迄、我等ものを取り続き陣とらせ、大坂へ人を進上申し候間、働き申すべく候と雖も、信孝様を相待ち、富田に一夜陣相懸け申し候事、
一、(14)次の十三日昼時分、川をこさせられ候条、筑前も御迎えに馳せ向い、御目に懸り候へば、御

落泪、筑前もほえ(吠)申し候儀、限り御座なく候事、
一、(15)其の十三日の晩に、山崎に陣取り申候、高山右近・瀬兵衛・久太郎(堀秀政)手(て)へ、明知め段々に人数立て、切り懸り候処を、道筋は高山右近・中川瀬兵衛・久太郎切り崩し候、南の手は、池紀(池田恒興)の者、我等者には、加藤作内(光泰)・木村隼人(重茲)・中村孫平次(一氏)切崩し候、山の手は、小一郎(羽柴長秀)・黒田官兵衛(孝高)・神子田(みこだ)半左衛門(正治)・前野将右衛門(長泰)・木下勘解由、其の外の人数を以て切崩し候て、則ち、勝龍寺を取り巻き候へば、明知め夜落ちに逃げ落ち候所を、或いは、川へ追入れ候儀は、我等覚悟にて仕り候歟、其れに就いて、明知め山科の藪の中に逃げ入り、百姓に首をひろわれ候事、
一、(16)信孝様の御先懸(おんさきがけ)を致し、御無念をやめさせられ候事は、我等覚悟にて候と存じ候、筑前罷り上らず候共、終には信孝様、明知め首を刎ねさせらるへき御事、案の内とは思し召さるべく候へ共、筑前はやく、毛利をも物の数にせず馳せ上り、信孝様天下のほまれをとらさせられ候は、筑前覚悟にて、何様にも御馳走在り、かわゆからせらるべきと存じ候へば、其の御感(ぎょかん)は御座なく、人並(ひとな)みに思し召され候事、迷惑に存じ候事、
一、(17)即ち、江州へ御供致し、山本の城、阿閉(貞大)持ち候といへども、先人数に申し付け、首を切り申すべきといへども、降参せしめ、人質を出し申すに付て、尾・濃の御成敗有るべしとばかりに、命を助け、長浜へ罷り通り候事、
一、(18)濃州の面々、城を拵(こしら)え、悉く御敵と成り、いなば(稲葉)山をは、既に、斎藤玄蕃允相上られ候とい

へども、長浜へ罷り越し、我等にいなば山、相渡さるべきに極められ候、其の外、国衆の人質、残らず我等請取り申候、長松へつれて馳せ向ひ候の間、一国の者首を助け申し候事、

一、(19)其れより尾州へ罷り越し、又ぞろや、悪逆人成敗いたすべきと申し候処に、我等清須の御城に居申し候へば、国中の人質残らず、三河・信濃境迄出し申し候間、是非に及ばず候、是又首を助け申候事、

一、(20)右のほねおり申候儀は、悉く我等一人の覚悟に、相任せ候と雖も、御国わけをいたし、御兄弟御両人様へ、先づ国を進上到すべきと存じ候て、宿老共と談合せしめ、濃州の儀は、岐阜御城を久太郎に上げ置き申し候へ共、御国を相添え、一国の人質共に、信孝様へ進上申し候事、

一、(21)尾州をば、清須の城相副え、一国の人質共に、三助様へ相渡し申し候事、

一、(22)御国に相残る御知行方、御忠節の者共、其の外、宿老共に、久太郎召し置き候江州北郡の知行、幷に長浜の城迄、柴田誓紙を取り、相渡し申し候事、

一、(23)坂本の儀、我等取り口に仕るべき由、各申され候と雖も、坂本を持ち候へば、天下をつゝみ候て、筑前、天下の意見をも申し度きに依り、志賀の郡を相拘え候と、人も存じ候へば、少しの間も、其の以為迷惑に存じ、賢人をさばき、五郎左(丹羽長秀)に相渡し候事、

一、(24)御仏事仰せられ、御両人様へ、御次より申し上られ候由、申され候へ共、兎角の御返事もなく、又は、御宿老衆御仏事の沙汰もこれ無きに付て、天下の外聞、如何と存じ、御存知の如く、

小者一僕の者召上げられ、国を下され候て、人並を仕り候事は、上様の御芳情、須弥山（しゅみせん）よりもおもく存じ奉るに付て、叶（かな）わず御仏事いたし候、御跡をもつかせられ、六十余州の御仏事御座候はば、筑前は、御葬礼過ぎ、追腹（おいばら）十文字にきり候ても、八幡大菩薩、恨み御坐なく候、此の由、信孝様へ御披露頼み入り候、恐々謹言、

（天正十年）十月十八日　　秀吉在判

斎藤玄蕃允殿

岡本太郎左衛門殿

第十四章　清洲会議を終わって㈡

ここでは、前章で引用した、「手紙番号⑭」『金井文書』を読んでみましょう。天正十（一五八二）年十月十八日付で、秀吉が、信長の三男信孝の老臣斎藤玄蕃允と岡本太郎左衛門の二名にあてたもので、これは、信孝にあてたことになります。長文なので、番号をつけて読んでいきます。

まず、序文です。

「先度はお手紙をいただき、拝見しました。勝家と秀吉の間柄のことですが、どのようにお聞きになりましたか。ご尽力なされるとのこと、忝（かたじけ）なく思います。しかし、前に決定した箇条書や誓紙、それには、血判まであるのに、それを勝家が相違しているのだから、調停は不必要です」。

「第一条、信孝様、三助様、これは、信長の次男の信雄のことです。それから、家康の誓紙、宿老ども（勝家以下の四人）の一札以下、将来のことを考え、自分の方に所持しております。

第二条、信孝の御兄弟様は多くおられますが、特別にお目を懸けてくださったのは、信孝様です。今でもそうであると思っておりましたが、自分同様にお目を懸けられる者が多く出て来て、自分が後になってしまったことは無念至極に思います。

第三条、信孝様・三助様の御両人が、御名代を争いなされたことについて、どちらを御名代に立てようかと、宿老どもが清洲で話し合いましたが、信長の長男の信忠様の御子（三法師）を取り立て、宿老どもが守り立てることとし、御兄弟の意見を伺いましたところ、尤の由と仰せられましたので、四人の宿老もそのように思い、誓紙によって、秀吉がお供をして、三法師様を清洲から岐阜に移し、信孝様に三法師様を預けました。

第四条、日数を過ぎないうちに、安土へ移さなければならない三法師様を移されない由、信孝様が仰せられて、今もって実行されていない。これは、どういうことでしょうか。

第五条、お二人の御兄弟様が、御名代を争われたことで、秀吉は主人がいなくて迷惑をしました。御次（秀勝、信長の四男で秀吉が養子にしている）も御存知のように、もう十五、六歳になって、一人前の武士となっているから、主人としても、人は笑うまいが、自分が養子にしているので、八幡大菩薩、愛宕も御照覧あれ、天地神明に誓って、主人にすることはない、誰かが主人にせよ、と言っても、決してそのようなことはない、とふっつと思い切りました。

第六条、どのように、賢人であるかを判定しているのでしょうか。どのようなことも、信孝様のことはもちろん、織田氏の御一族までも、処理ができない問題を、解決のために尽力しようとしているのに、御兄弟様（特に信孝）、その外、御宿老衆（特に勝家）のお悪を受けるというのは、迷惑に思います。

第七条、御存知のように、信長様の生存中も、自分には、播磨・但馬を下され、その上、近江（滋賀県）北郡を下され、今に不甲斐なく思っておりますが、毛利氏攻めの先駆けをせよ、と上様（信長）が仰せられましたので、播磨に在陣いたしましたところ、同国三木の別所長治が謀叛を企て、秀吉は迷惑いたしましたところに、さらに、荒木村重が、伊丹で謀叛をいたしました。このとき、通路を遮断されましたが、ついに、長治の首を刎ねました。そこで、上様から重ね重ね御褒美と御感状を賜り、その上、但馬の金山や御茶湯道具までも、取り揃えて下さいました。

御茶の湯は、御政道で上様のお許しがなければ、できないわけですが、自分には許されて、茶の湯を仕れと、仰せ出されましたことは、今生・後世ともに忘れられないところです。一体、どのような人が、茶の湯を許してくれたのか、と思いますと、夜昼、泪を浮かべ、御一族の御事は、徒にも思っておりません。

第八条、右の御褒美のことは、申すに及びませんが、安土城に伺候をいたし、上様の御目に懸かりますと、信長様の御座所へ、この秀吉を召しあげられまして、筑前（秀吉）の額を撫でさせられまして、侍ほどの者は、筑前にあやかりたく存ずべし、とおっしゃいましたので、なお〳〵励みをいたし、去年のことでありましたでしょうか、因幡の内の鳥取の城は名城でありましたが、この城を取巻き、城兵の首を刎ね、因幡一国は、申すに及ばず、伯耆の国まで、本意を遂げました。

第九条、明智光秀めが、逆心を構え、上様が京都（本能寺）におられたのを、夜討ち同然にし、御腹を召された。もし、自分が在京をしていたのならば、小者一僕にても、上様の御座所へ走り入り、腹を十文字に切っても、本懐であったものを、そのときは、備中の国（岡山県）にあり、云々（うんぬん）」とあります。

以下、あまりに長くなりますので、各条のポイントを、読んでまいります。全文は、第十三章に引用してありますので、そちらをご覧下さい。

第九条は、この後、河屋（かわや）城・巣蜘（すくも）城・高松城の攻略を記し、高松城の水責めについて、詳しく述べています。

「第十条、右の高松城攻めでは、自分は毛利軍の後巻（あとまき）（後援）を相手とせず、城を取り巻きましたので、城主の清水宗治が、切腹して城兵を援けることを願い出たが、許さないでいたところに、六月二日（天正十年）に、京都において、上様が御腹を召されたと、同四日（三日の夜半ともいう）に注進がありました。自分は驚いたけれども、御腹の御供こそできなかったが、今の陣を本意に任せ、城のことはもちろん、毛利を切り崩し、首を刎ねてしまえば、明智退治のことは、容易になるであろう、と存じ切り、ついに城主のことは申すまでもなく、すべての首を刎ねました」。

「第十一条、毛利と講和し、同七日（六月）、二十七里のところを、一日一夜で姫路城に帰城しました」。

「第十二条、人馬をも相休めてから、上洛しようと思ったところ、信孝様が大坂にあり、一方、明智めが、河内に乱入し、大坂を取り巻き、信孝様が御腹を召すであろう、とのことが、八日の酉（とり）（午後六時ごろ）の刻に風のたよりに注進がありました。もし、信孝様が御腹を召されてしまっては、すべてが水の泡となってしまうと思い、昼夜兼行、十一日の辰（午前八時ごろ）の刻に尼崎まで着陣し、人数が揃わず討死しても、淀川を越し、信孝様の後巻をすることにしました」。

第十三条、ここは、同十二日の秀吉の軍事行動のことを、記しています。秀吉は、富田を本営としました。

「第十四条、次の十三日の昼時分、信孝様が淀川を越えられ、秀吉の富田の本営にまいられましたので、秀吉も御迎えに馳せ向い、御目にかかりましたところ、泪を流され、秀吉も嬉しさのあまり、ほえ（吠）ましたことは、限りもありませんでした」。

第十五条、ここでは、十三日の晩から開始された、山崎の会戦の模様が、記されています。光秀は敗軍し、勝龍寺城に逃れますが、秀吉が、この「勝龍寺城を取り巻くと、明智めが、夜落ち同然に逃げ落ちるところを、川へ追い入れたのは、秀吉の覚悟（一存）でやったことである。それから、明智めは、山科の藪の中に逃げ入り、百姓に首をひろわれました」、と光秀の最期を記しています。

「第十六条、信孝様の御先懸をいたし、御無念を晴らされたのは、秀吉の覚悟で、できたことだと思います。秀吉が京都に上らずとも、結局、信孝様が明智めの首を、刎ねさせられることは、容易であったと考えますが、秀吉が早く、毛利を物の数ともせずに上洛し、信孝様が天下の誉れを、とらせられましたのは、秀吉の覚悟によるのですから、どのようにもご馳走され、かわいがってもらえると思っておりましたところ、そのようなご配慮もなく、秀吉を人並みに思っておられるのは、迷惑に存じます」。

第十七条は、近江山本城の阿閉貞大を許したこと、第十八条は、美濃で敵対していた者を許したこと、第十九条は、尾張で敵対していた者を許したことなどが、書かれています。

「第二十条、以上の骨折りをしたことは、すべて、自分一人の覚悟でやったことであるけれども、国分けをして、御兄弟お二人へ、まず国を進上すべきと思い、宿老どもと相談して、美濃の国については、岐阜城を堀秀政に渡しておきましたが、美濃の国と同国の人質ともども、信孝様へ進上しました。

第二十一条、尾張の国については、清洲城を副え、一国とその人質を、三助様（信雄）に差し上げました。

第二十二条、国に残っていて、山崎の合戦に参加しなかった忠節の者、その外、宿老ども（暗に勝家を指している）に、堀秀政に預けていた、長い間、秀吉の領地であった近江北郡と長浜を、勝家の誓紙を取って、これに渡しました。

第二十三条、光秀の坂本城については、秀吉が取るようにと、皆が申されたが、坂本を所有すれば、天下をつつむように、秀吉が天下の意見を申したいので（天下の政治をしたいので）、坂本のある近江志賀郡を所有したいのだ、と人も思うので、少しの間でも、そのように思われるのは、迷惑に思い、賢人を選定して、丹羽長秀に渡しました」。

最後の「二十四条、信長様の御仏事については、信雄・信孝御両人様へ、養子の御次より申し上げた、とのことであるが、とかくの返事もなく、また、御宿老衆も御仏事をやる様子もないので、天下の外聞、いかがと思いました。御存知のように、小者一僕のような秀吉を、召し上げられ、国を下され、人並みのことができるようになりましたことは、上様の御芳情を須弥山（仏教で世界の中心にそびえ立つ高山をいう）よりも重く思いますので、思いによらず、御仏事をいたしました。どなたかが（これは信孝のことをいっているのかも知れない）、上様の御跡を嗣がせられ、六十余州（日本全国の意）の御仏事があったならば、秀吉は、御葬儀の後、追腹を十文字に切っても、八幡大菩薩、神明に誓って、恨みはございません。このことを、信孝様に御披露を頼みます」と書いています。

以上、少々、長い文書でしたが、この文書について、どのようなご感想を、お持ちでしょうか。

まず、山崎の合戦の勝利、清洲会議の中心的存在となった秀吉が、天下に意欲を燃やしてくるのは、当然の結果といえましょう。「自分は、天下の意見は、申したくはない」。また、「どなたかが、上様の跡を嗣がれ、六十余州での御仏事が、終わったら、追腹を切っても、決して恨みはない」などと言っているのは、天下取りへの熱望の表現ではないでしょうか。

しかし、この野心は、簡単に実現できるものではないでしょう。まず、現時点では、信長の遺子と信長の陣営における有力者に勝利しなければなりません。前者における有力者は、秀吉とともに光秀を敗死させた信孝であり、後者における有力者は、柴田勝家です。そこで、秀吉が、まず、信孝に自己の主張をし、先制攻撃を与えたわけです。

この抗争は、翌天正十一（一五八三）年四月二十四日、秀吉に攻められて、勝家が越前（福井県）北の荘城で自刃し、また、勝家に与した信孝が、兄信雄と秀吉に攻められ、同年五月二日、尾張（愛知県）大御堂寺で自刃したことで、決着がつきました。

ところで、この「手紙番号⑭」の文書の原本は、残っていません。あるいは、信孝の滅んだときに、なくなったのかも知れません。しかし、『浅野家文書』をはじめ、数か所に写が残っています。ですから、秀吉が相手方や自分の同僚や臣下に、この文書の写を作り、相当数ばら蒔いた可能性があります。この配布された文書が原本の場合もあります。これは、信長や秀吉が、自己を主張するときに使った、宣伝方法であったことを一言、申し添えておきます。

第十五章　賤ヶ岳の合戦

秀吉と、信長の陣営にあって秀吉の先輩であり、また、当時の有力者である柴田勝家とは、しょせん、決着をつけなければならない、運命にありました。

勝家は、清洲会議の後、本国越前（福井県）北の荘城に帰り、当然、秀吉に対する方策を検討していました。信孝や滝川一益（かずます）を味方に引き入れ、遠く毛利氏や、前将軍足利義昭とも連携し、秀吉を挟撃する作戦も考えています。

清洲会議のあった翌年、天正十一（一五八三）年三月三日、秀吉は、伊勢（三重県）亀山城に滝川一益を降しましたが、同年四月十六日、信孝を攻めるために、美濃の大垣城に入りました。

ところが、四月二十日、勝家の武将佐久間盛政（さくまもりまさ）[33]が、秀吉の武将中川清秀（なかがわきよひで）[34]を近江大岩山に襲って、戦死させたために、急きょ、秀吉は、近江に戻り、翌二十一日、賤ヶ岳で盛政を破ったわけです。さらに、秀吉は越前に入り、勝家の居城北の荘城を囲み、同二十四日、勝家とその室お市が自刃しました。

一方、信孝も勝家を滅ぼした秀吉と兄の信雄に攻められ、尾張大御堂寺で五月二日に、自刃しました。このことは、前章で申しました。

そこで、この辺のことを書いている「手紙番号⑮」を読んでみましょう。秀吉が、この年の五月十五日付で、小早川隆景に与えたものです。もはや、勝家もお市も信孝も、この世には、おりません。長文の文書ですので、番号をつけて読んでいきます。

〔手紙番号⑮〕（『毛利家文書』）

去る五日の御状、江州坂本において、拝見せしめ候、

一、(1)仰せの如く、去月廿一日、柴田修理亮（勝家）四ケ国の人数有るが儘に召し連れ、三七殿（信孝）引き入れ、滝川一味せしめ、武篇を仕懸け候事、

一、(2)各々合戦を懸け候を、筑前守面白しと存じ、先手の備へをば、弐万計濃州岐阜口へ相向け、滝川（一益）をも二万計にて取巻き候事、

一、(3)柴田修理亮罷り出で候処へは、秀吉馬廻計にて、敵三万余御座候処へ、三手に分け、切り懸け候、柴田儀は、当方において、せがれの時よりも、度々武篇を仕り候者に付て、三度まで鑓を合せ、度々戦い、目を驚かし候、卯の刻より未の刻迄、切り合いこれあるによって、互に下に居り敷き、休息候て、勝負相著かず候事、

一、(4)秀吉見合せ候て、小姓共計にて、柴田旗本へ切り懸け、即時に衝き崩し、五千余討ち殺し候の処に、惣人数は木目（このめ）の弓手、馬手、栄中へ逃げ入り候事、

一、(5)廿二日、越州府中へ取り懸け、諸城相拘へ候と雖も、乗り崩し、首を刎ね候へば、相残る城悉く退散仕り候事、
一、(6)柴田越州北の庄居城の事、数年相拵へ、三千計留守の者居申し候処へ、修理亮馬百騎計にて逃げ入り候事、
一、(7)廿三日、息を継ず追い懸け、惣構乗り破り、則ち、城中の廻、拾間、拾五間に陣捕(ど)り申し候事、
一、(8)柴田息をつかせては、手間も入り申すべく候かと、秀吉存じ、日本の治め、此の時に候の条、兵共を討死にさせ候ても、筑前不覚にて有る間敷きと、ふつつと思い切り、廿四日の寅(とら)の刻に本城へ取懸け、午(うま)の刻に本城へ乗り入れ、悉く首を刎ね候事、
一、(9)城中に石蔵を高く築き、天主を九重に上げ候の処へ、柴田弐百計にて相拘え候、城中狭く候の条、惣人数入りこみ候へば、互に共道具に手負、死人あるにより、惣人数の中にて兵を撰び出し、天主の内へうち物計にて切り入らせ候へば、修理も日比武篇を仕付たる武士にて候条、七度まで切って出で候といへども、相禦ぐ事叶はず、天守の九重目の上へ罷り上り、惣人数に詞を懸け、修理が腹の切り様見申して、後学に仕り候へと申すに付て、心もある侍は涙をこぼし、鎧の袖をひたし候によつて、東西ひつそと静り候へば、修理妻子共其の外、一類刺し殺し、八十余人の身替りざる者切腹、申(さる)の下刻に相果て候事、

一、(10)廿五日、賀州へ出馬、諸城相踏まへ候と雖も、筑前守の太刀風に驚き、草木までも相靡く躰にて候に付て、越中境目金沢と申す城に馬を立て、国々の置目等申し付け候内に、越後の長尾(上杉景勝)人質を出し、筑前次第覚悟せしめ候の条、赦免せしめ、去る七日に安土まで打ち入り申し候事、

一、(11)三七殿儀は、信雄御馬を出され、是れ又、岐阜城攻め崩され、三七殿儀は申すに及ばず、悉く首を刎ねられ候事、

一、(12)滝川儀は、勢州の内、長島と申す所に、数年有付候足軽共に、取巻き候の間、是又、首を刎ねらるべき儀、日数幾程あるべからざる事、

一、(13)隙を明け候間、筑前守は江州坂本にこれあり、此の中、忠節仕り候者には、国郡を遣し、安堵の思ひを作し候事、

一、(14)此の日比、どうだまりぶしやう者は、成敗仕るべき儀に候へ共、秀吉、人を切りぬき申し候事きらい申し候に付て、命を助け、先々国にて替地を遣し、何の御国をも念をやり申し付け候事、

一、(15)来月中旬には、国分、知行分も相済み申すべく候間、此の中、諸侍骨を折り候の間、七月卅日間は、相休み申すべく候事、

一、(16)惣人数徒（いたずら）に置くべき儀も入らざる事に候間、其の御国端へ罷り越し、境目の儀をも相立て、連々御等閑なき験を相見申すべく候条、能々御分別有り、秀吉腹を立てざるやうに御覚悟尤に

候事、
一、(17)東国は氏政(北条)、北国は景勝まで、筑前覚悟に任せ候、毛利右馬頭殿(輝元)、秀吉存分次第に御覚悟成され候へば、日本の治め、頼朝(源)以来、これには争か増すべく候哉、能々御異見専要に候、七月前に御存分これあるにおいては、御心を置れず、仰せ越さるべく候、八幡大菩薩、秀吉存分に候はば、弥互に申し承るべく候事、
一、(18)右の趣、一々輝元へ仰せ入れられ尤に存じ候、尚、御両使口上に申し渡し候、恐々謹言、
五月十五日(天正十一年)　　　秀吉（花押）
小早川左衛門佐殿(隆景)
御返報

大体のところを、口語訳してみましょう。

「去る五月五日付のお手紙、近江坂本において、拝見いたしました。

第一条、おっしゃるように、去月二十一日、柴田勝家が、四か国の人数を、あるがままに召し連れ、三七殿（信孝）を引き入れ、滝川一益を味方として、戦いを仕掛けてきました。

第二条、それぞれ合戦を仕掛けてきましたが、秀吉は、これは面白いと思い、先手の備を二万人ほど、信孝のいる美濃岐阜口へ差し向け、伊勢で兵を挙げた一益をも、二万人ほどにて取り巻きました。

第三条、勝家が罷り出た所へは、秀吉の馬廻衆ばかりで、敵三万余ある所へ、三手に分け、切り懸けました。勝家のことは、信長の陣営にあって、幼少のときから、たびたび合戦を行った者で、三回ほど鐺を合わせてたびたび戦い、その強さには、目を驚かしました。卯（午前十時ごろ）から、未（午後二時ごろ）まで、切り合いましたが、武士たちは互いに下に折り敷き（右の膝を曲げて腰をおろし、左膝を立てた身の構え）、休息して勝負がつきませんでした。

第四条、秀吉見合わせ、小姓ばかりで、勝家の旗本へ切り懸け、五千余討ち殺し、総人数は、木目の弓手（左手）・馬手（右手）、栄（営）中へ逃げ入りました」。

第五条から、第七条までは、勝家の逃亡の様子です。

「第八条、勝家に息をつがせては、手間も入ると考え、日本の国の治めは、このときにあると判断し、兵たちを討死させても、秀吉の不覚にはならないだろうと、ふっつと思い切り、二十四日の寅（午前四時ごろ）の刻に、本城へ取懸け、午（正午）の刻に、本城に乗り入れ、悉く首を刎ねました。

第九条、城中に石蔵を高く築き、天守を九重に上げた所へ、勝家は二百人ばかりで、支えておりましたが、城中は狭く、総人数が入り込みますと、互いの道具で手負い、死者が出ましたので、総人数の中から、兵を選び出して、天守の内へ、側近の者だけで切り入りますと、勝家も日ごろ、武事に優れた武士でありましたから、七度まで切って出ました。けれども、防ぐことができず、天守の九重目の上へ昇り、総人数に詞を懸け、勝家の腹の切り様を見て、後学に仕れ、と申しましたので、心ある侍は涙をこぼし、鎧の袖をひたしましたので、東西ひっそりと静まりました中で、勝家は妻子、その外一類の者、刺し殺し、八十余人、身替りできない者が切腹、申（午後四時ごろ）の下刻に相果てました」。

　この第八条・第九条は、この文書のハイライトの部分でしょう。以下に、上杉景勝が秀吉に人質を出したこと、信雄が信孝を滅ぼしたこと、などを述べ、第十七条では、「東国は北条氏政、北国は上杉景勝まで、秀吉に従った。毛利輝元殿も秀吉の思うように決断をなされれば、日本国の治め、源頼朝以来、秀吉のやっていることに、増すことがあろうや」と言っています。意気、天を衝く、というところでしょうか。

　作家の海音寺潮五郎さんは、「本能寺の変報に接してから、山崎合戦を中にはさんで、賤ヶ岳の戦いをして、北の庄で柴田勝家をやっつけますね。あそこの時期が秀吉の一番みごとな時期だと思います。男が仕事に対して、ここが正念場であると、はりきっている時の美しさに、あふれていますね」と述べておりますが（『豊臣秀吉』『日本史探訪』十所収、昭和五十八年、角川文庫）、秀吉の文書からも、その雰囲気がうかがえるようです。

　なお、この文書の原本写真の一部が、『大日本史料第十一編之四』に掲載されていますので、ご参照下さい。この文書を書いた秀吉の右筆は、もちろん、楠長諳でした。

第十六章　養徳院への手紙
——戦死者の母を慰める——

さて、ここで、秀吉から女性に与えた手紙を読んでみましょう。ここに登場する女性は、養徳院（ようとくいん）、すなわち、池田恒興（いけだつねおき）の母です。

恒興は、秀吉より一歳年上で、はじめ信長に仕えますから、秀吉の同僚ともいえます。明智光秀の組下（くみした）でしたが、本能寺の変が起こりますと、秀吉に与（くみ）して光秀を破ります。

この軍功によって、信長の後継者などを決めた、清洲会議では、柴田勝家・丹羽長秀・秀吉らとともに、四人の宿老の一人に抜擢されました。そして、秀吉の配下になっていましたが、勝家の滅んだ翌年の、天正十二（一五八四）年四月九日、秀吉が徳川家康と対決したときに、尾張長久手で戦死します。恒興の長男である元助も戦死をします。恒興の女婿である森長可（もりながよし）も同じように、戦死します。

そこで、その二日後の四月十一日に秀吉が、恒興の母である養徳院に見舞いの手紙を送ったわけです。この文書も少々長いものですが、秀吉の戦死者の母親に対する思いやりが、十分に感じられますので、取り上げることにしました。

この文書は、女性に与えた文書ですから、仮名で書かれていますが、秀吉の自筆ではなく、右筆の書いたものです。文書の内容は、私的なお見舞いの手紙ですが、池田家の身分を保証する、という公的な意味を含んだ文書ですから、秀吉も改(あらた)まりまして、右筆に書かせています。「手紙番号⑯」（一五〇～一五七ページ）の文書です。

あて名の「大御(おお)ち」ですが、「御(お)ち」は「御乳(おち)」、つまり、貴人の乳母(うば)のことですから、「大」をつけて敬称しています。といいますのは、恒興の母は、信長の乳母だったのです。殿様の乳母ですから、このようにいっているわけです。『池田家履歴略記』によりますと、信長は、癇(かん)が強かったのでしょうか。乳母の乳首を噛(か)み破ってばかりいたのですが、恒興の母だけには、それをしなかった。たまたま、夫の恒利が亡くなっていましたので、信長の乳母となり、養徳院と申しました、とあります。

それでは、この文書を、ざっと口語訳してみましょう。仮りに、番号をつけました。

「この度、あなたの長男恒興、この人は本能寺の変後、剃髪して勝入といっていました。この恒興と恒興の嫡男元助とが、共に戦死をされましたことは、とても申す言葉もございません。あなたの御力落とし、ご愁嘆を思うばかりです。我々もこの戦場に出陣し、敵と十町、十五町ほどの距離で戦ったところでしたが、恒興父子の不慮のことは、私どもの力落としも、限りもございません。

(1)一、恒興の次男照政(てるまさ)と三男長吉(ながよし)殿の二人が、何事なく無事であったことは、自分一人の歎きの中の喜びとは、このことでございます。二人はせめて私が取り立て申すことこそ、今は亡き恒興の御法事を、送ることだと、満足いたしております。

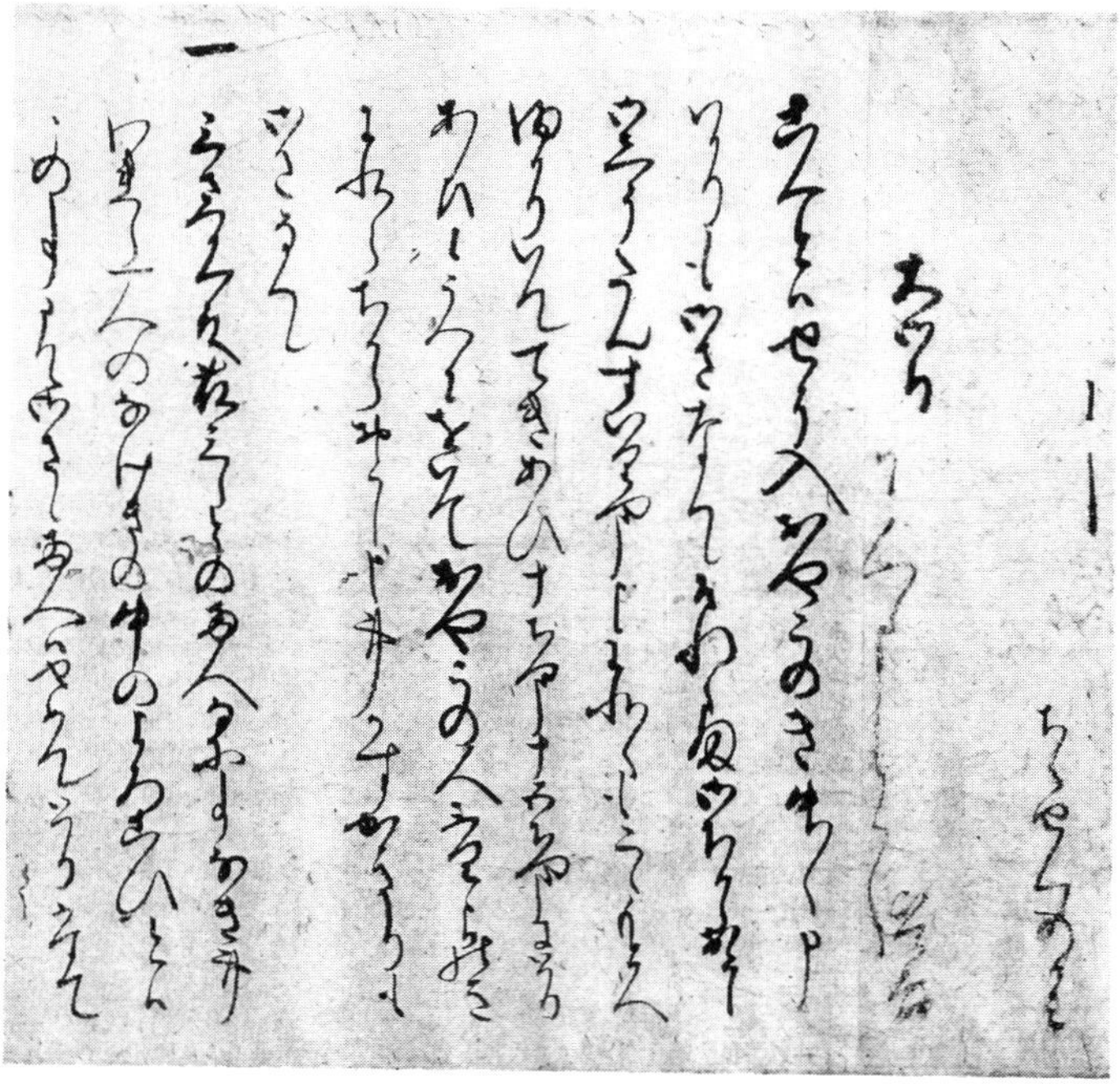

〔手紙番号⑯〕『池田家文書』岡山大学附属図書館所蔵

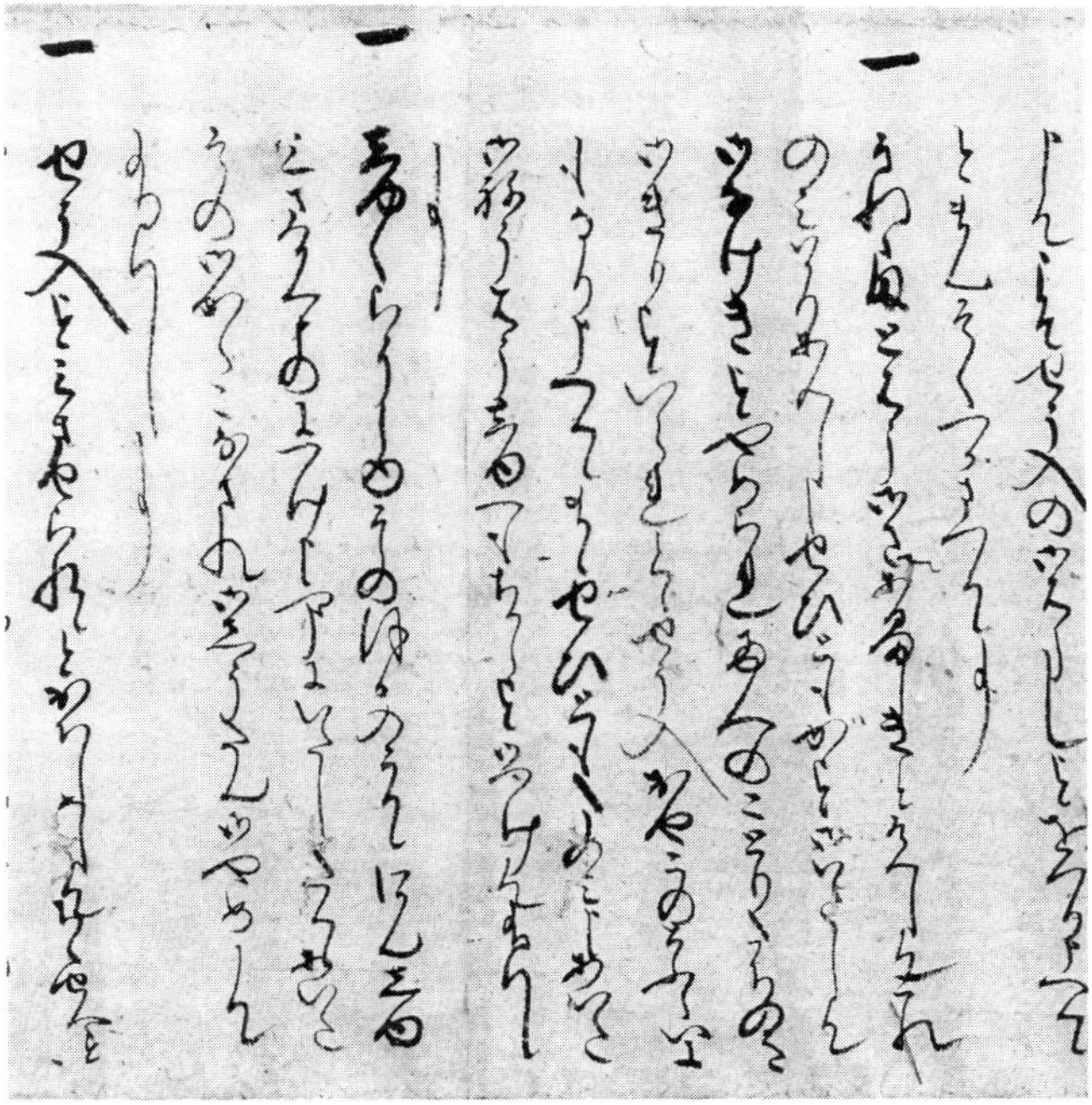

〔手紙番号⑯〕（『池田家文書』）

「（懸紙ウワ書）（墨引）　ちくせん（筑前守）のかミ　ひて（秀）吉

大御ち

まいる　人々申給へ　」

こんとハ、せう（勝）入おやこ（池田恒興・元助）のき、中〳〵申
ハかりも御さなく候、それさま御ちから（力）
おとし、御しうたん（愁嘆）すいりやう（推量）申候、わ
れ〳〵もこゝもとへまかりいて、てきあ（敵相）
ひ十ちやう（町）、十五ちやうにとりあひ候う
へにをいて、おやこの人ふりよ（不慮）のき、わ
れらちからおとし申候事、かすかきりも
御さなく候、
一（1）、三さへもん（照政）殿・藤三郎（長吉）との両人なに事
なき事、われら一人のなけき（歎）の中のよろ（喜）
こひとハ、この事にて御さ候、両人ハせ

めでとりたて申候てこそ、せう入の御はうし(法事)を、をくり申へく候と、まんそく(満足)つかまつり候事、

一、(2)それさまとはう(途方)御さあるましきとそん(存)し候て、これのミハかりあんし(案)申候、せ(是非)ひともが(我)を御いたし候て、御なけき(歎)をやめられ、両人のこともたち(子供達)のき御きもをいられ候ハヽ、せう入おやこのとふらい(弔)にもなり申へく候まゝ、せひともたのミ申候あいた、御ねうはうしゆ(女房衆)へもちから(力)を御つけ候て給候へく候事、

一、(3)しゆくらうしゆ(宿老衆)、そのほかのこり候にんしゆ、三さへもんとのにつけ申候やうにいたしたく候あいた、その御かくこなされ、御しうたん御やめ候て、給候へく候事、

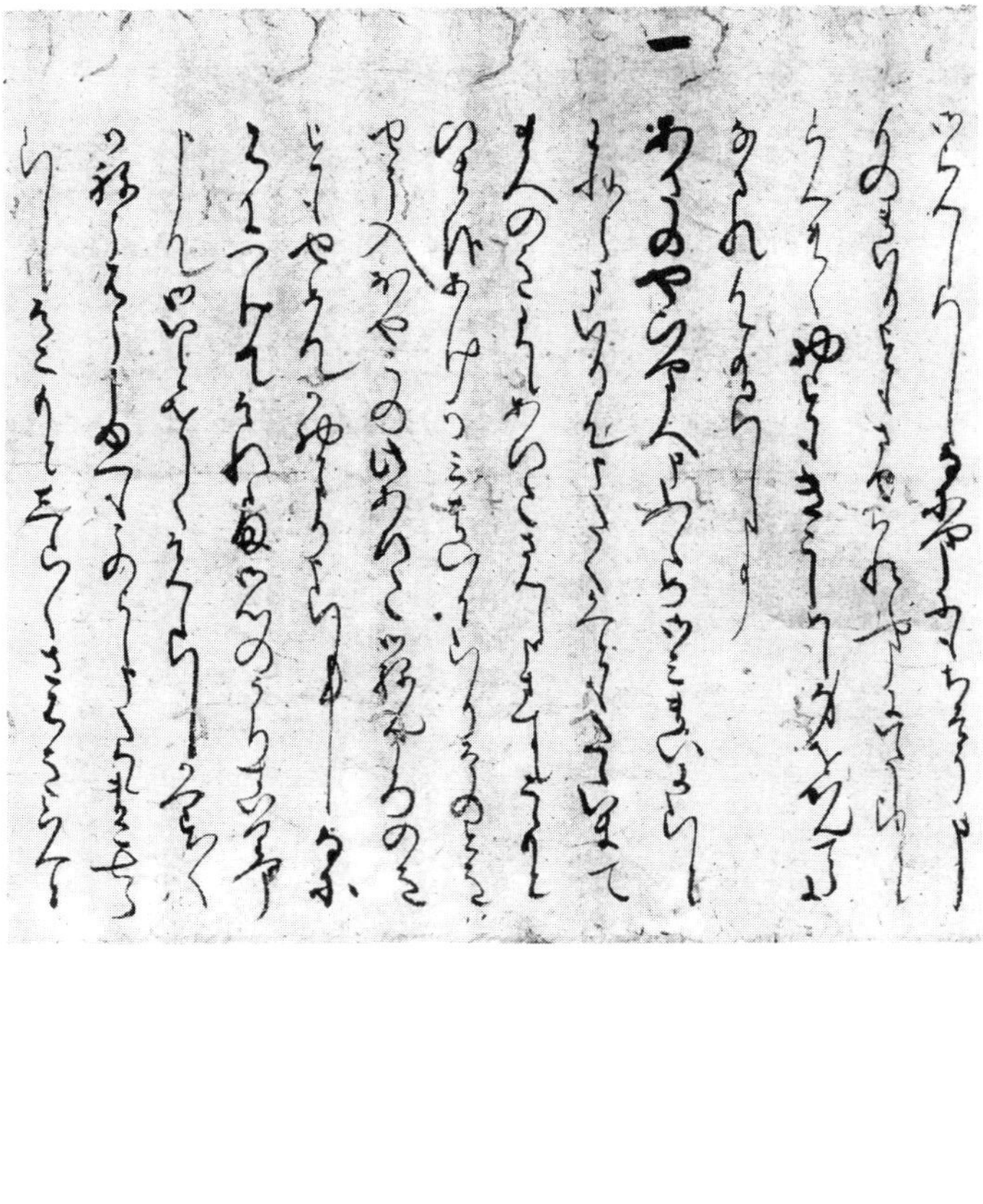

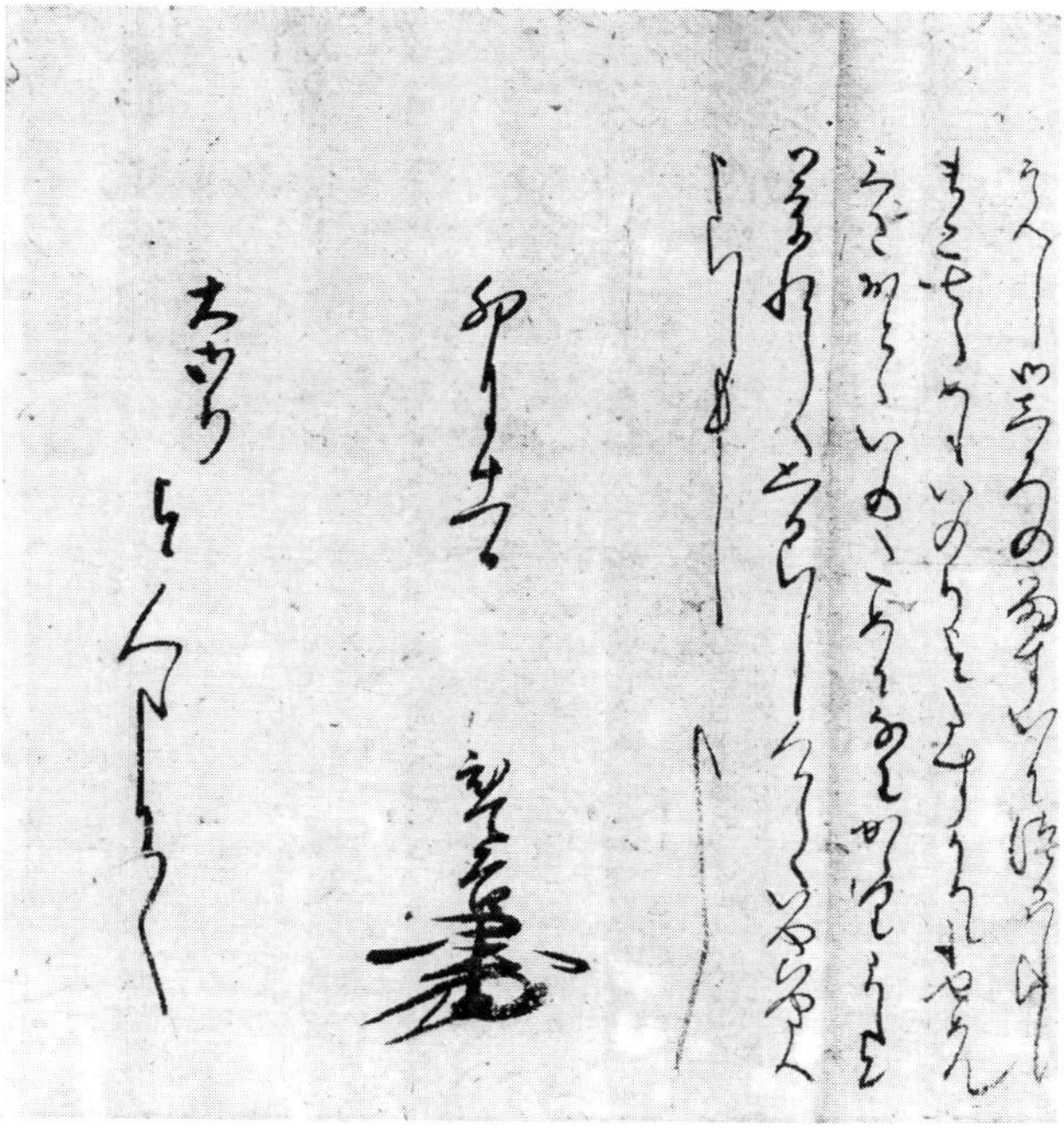

一、(4)せう入をミさせられ候とおほしめし候て、ちくせん(筑前)を御らんし候へく候、なにやうにもちそう(馳走)申候、ものまいり(物参)をもさせられ候やうに、いたしまいらせ候候(マヽ)ハんまヽ、物をもきこしめし、身をかんてう(岩乗、頑丈)になされ候て、給候へく候事、

一、(5)あさのやひやう(浅野弥兵衛長吉)へ申ふくめ、御ミまいにまいらせ候、われらまいり候て申たく候へとも、たヽいまてまへ(手前)のきにて候あひた、さんし申さす候、こヽもとひまをあけ、御ミまいにまいり、そのときせう入おやこの此あひた御ねんころのきをも、せめて御物かたり申まいらせ候へく候、なにはにつけて、それさま御心のうちすいりやう申候て、御いとをしくそんしまいらせ候、かへす〳〵御ねうはうしゆへ

も、このよし申たく候、まこ七郎（羽柴秀次）まいら
せ候、そこもとしたく〱さはき候ハんと
そんし、御しろ（城）の留すいにつかハしまい
らせ候、まこ七郎めもいのち（命）をたすかり
候も、せめて三さおとゝい（弟兄）のために、
なわかゝり（縄掛）にて候と、御うれしく思ひま
いらせ候、くハしくいやひやうへ申まい
らせ候へく候、かしく、

卯月十一日（天正十二年）　ひて吉（花押）

大御ち（養徳院）

まいる　人々申給へ

一、(2)あなた様が途方もなくされておられると思い、このことだけを心配いたしております。是非とも、ご自分のご本性を出されて、御歎きをやめられ、残った二人の子供たちのことにご尽力なされれば、恒興父子の弔（とむらい）ともなりましょう。是非とも頼みます。恒興の御女房衆たちにも、力をお付けになってやって下さい。

一、(3)宿老衆、その外、残った人々は、恒興の次男照政殿に付属させたく思いますので、その御覚悟をなされて、ご愁嘆をお止めになって下さい。

一、(4)恒興殿をご覧になられるとお思いになって、この筑前、つまり、秀吉をご覧になって下さい。どのようにでも私が尽力いたします。物詣（ものもうで）などもなされますようにと思いますので、食事も召し上がり、身を頑丈になされて下さい。

一、(5)側近の浅野長吉に申し含め、お見舞いに遣わします。私がまいりましてお話しいたしたいのですが、只今、自分のことで忙殺されておりますので、まいりません。こちらの方の始末がつきましたら、お見舞いに伺い、そのとき、恒興父子がついこの間まで入魂（じっこん）にして下さったことなどを、せめてお話しいたしたいと存じます。なにやかやにつけて、あなた様の御心の中を推量いたしまして、御いとおしく思っております。くれぐれも恒興の御女房衆へも、このことを申したく思います。孫七郎、これはのちの秀次のことです。このころは三好信吉といっておりました。この秀次を遣わします。あなたの方で下々の者の処置に必要と思いまして、あなたのおられる美濃大垣城の留守役に遣わします。

（実は、この長久手の戦では、総大将であった秀次の失策によって、恒興父子が戦死をしたわけですが）秀次めも命が助かったのは、恒興父子のお蔭であり、せめてものことに恒興の次男照政・三男長吉兄弟から、その失態によって縄で縛られることでしょう、と嬉しく思っております（実は、秀次は秀吉の姉の子で身内ですから、秀吉の立場も相当に苦しいので、こう言っております）。詳しいことは、使いの長吉が申します」と言っております。

この中でも、秀吉に、「恒興殿をご覧になられるとお思いになって、秀吉をご覧になって下さい。どのようにでも、私が尽力いたします」と言われた養徳院は、どんなに心強く思ったことでしょう。秀吉が養徳院に与えた文書は、外にも数通ありますが、老女を労（いたわ）る丁寧なものばかりです。

秀吉は、この約束を終生忘れず、恒興の次男輝政（このころは照政と書く）の嗣いだ池田家をもり立て、小田原征伐ののちに、美濃岐阜城主から三河吉田城主に移し、十五万石余を与えました。さらに、輝政と家康の女（むすめ）督姫とを結婚させてもいます。輝政は、関ヶ原合戦の後、播磨を与えられて姫路城主となりました。

一方、養徳院は、秀吉の死後十年ほど長生きをして、慶長十三（一六〇八）年十月二十六日、九十四歳で没しました。

秀吉は、天正十七（一五八九）年十一月、美濃方県（かたがた）郡の内で、八百石を養徳院に与えていますから、やはり、その生活を保証してやっていたことは、確実です。秀吉が、当主が戦死して残された家族に対し、いかに真心を尽くし、誠意をもって応えているかということが、ご理解いただけたと思います。

第十七章　佐々成政滅ぶ

ここで、一通、原本のある秀吉の朱印状を読んでみましょう。

天正十六（一五八八）年閏五月十四日付で、秀吉から島津義弘に与えた朱印状です。この日、秀吉は、佐々成政を尼崎で自殺させ、その罪状を諸大名に、通告しました。同文の文書が数多く残っているのも、そのことと関連します。大変長文のものですが、成政切腹の原因、また、秀吉自身の家臣に対する考え方、あるいは、秀吉の文書というものが、どういうものであるか、というさまざまな事柄を知ることのできる貴重な文書ですので、ここで、読んでみたいと思います。

さて、成政は信長に仕えていましたが、柴田勝家の配下に属して活躍し、越中富山城主となります。天正十一（一五八三）年、勝家の滅亡後は、秀吉に属しました。翌年、秀吉に背いて織田信雄[36]に通じますが、天正十三年、秀吉に攻められて降伏します。そして、天正十五年五月、秀吉から肥後（熊本県）一国を与えられますが、領内に一揆が起こったため、領地を没収され、ついに秀吉から、翌天正十六年閏五月十四日、尼崎で自殺を命ぜられました。

ここで取り上げるのは、「手紙番号⑰」（一六四～一七七ページ）の文書です。長文の文書ですから、番号をつけて、ざっと、口語訳してみましょう。全部で六か条あります。右筆が書いていますので、秀吉に対して敬語を使っています。

まず、冒頭に、「陸奥守、これが佐々成政です。この成政の悪逆を追ってあげてみる」と言っています。

「第一条は、天正十二年、これは誤りで、一年前の天正十一年が正しいのです。この年に、殿下、これは関白殿下秀吉のことです。秀吉に対し、柴田勝家が謀叛、これは秀吉の立場から勝家の行動を謀叛といっているのですが、勝家が謀叛を企て、近江北郡の余吾面(よごおもて)へ乱入したので、秀吉自身が駆けつけられて切り崩し、そのまま勝家の居城である越前北の荘(福井市)で勝家を討ちました。一方、成政は勝家に同意をいたし、越中の国に居りましたが、加賀の国の金沢城、これは勝家の甥の佐久間盛政の居城でしたが、勝家が滅んだので、盛政が明け渡したところ、成政が金沢城を占領したので、秀吉は越前から直ちに出馬なされ、金沢城を取りまかれました。すると、成政が髪をおろし、首を刎ねるようにと秀吉へ申され、罷り出ましたが、秀吉は、首は刎ねさせられず、その上、前々のように越中一国を下され、飛驒の国の取り次ぎまで仰せ付けられました」とあります。秀吉が、勝家に与(くみ)した成政の命を救ってやったわけです。

「第二条は、天正十三年に、信長の次男の信雄が尾張において秀吉に背いたときに、成政は、またしてもであろうか、秀吉に差し出していた自分の人質を捨てて信雄に応じ、加賀の国端に乱入して、城々をこしらえたので、秀吉が出馬され、それらの端城、これは本城の外に築いた出城ですが、これらの城を打ち果たし、成政の本城である富山城を取り巻かれましたところ、またしてもであろうか、成政は髪をおろして降りました。これを見た、秀吉は哀れに思われて、首を刎ねずに富山城を請け取り、成政には越中半国を与えました、そして、人質の妻子が大坂に居るのでふびんに思われて、摂津の国能勢郡を、一職これは土地に関する一切の権利ですが、これを妻子の生活費として下され、その上、成政を公家にしてやった。つまり朝廷から位をもらってやった」と言っています。成政は二回、秀吉から命を助けられているのです。

「第三条は、筑紫、つまり九州を御成敗のとき、天正十五年に、秀吉殿下が、御出馬なされ、一度に平定されたときに、成政のことは、信長様のときから、武者としての評判が、怪力がましい、つまり非常に力が優れていると人も申し、殿下もこれを見及ばれていた。そこで、九州の中では、肥後（熊本県）の国がよい国なので、この一国を与えて、兵糧や鉄砲の玉薬などまで入れられ、普請なども命ぜられて、成政に下されたのである」とあります。

「第四条は、秀吉が御開陣、つまり兵を引き上げましたときに、肥後国熊本の城主の城久基、宇土城主の名和顕孝、小代城主などが、首を刎ねられずに許されて、堪忍分、つまり生活費をいただき、その妻子は、人質として秀吉の居る大坂城に置かれて、国に煩いのないように仰せ付けられた。その外、残りの国人のことは、人質を取り、妻子共に成政の居た熊本城に置かれていたのであるが、国人

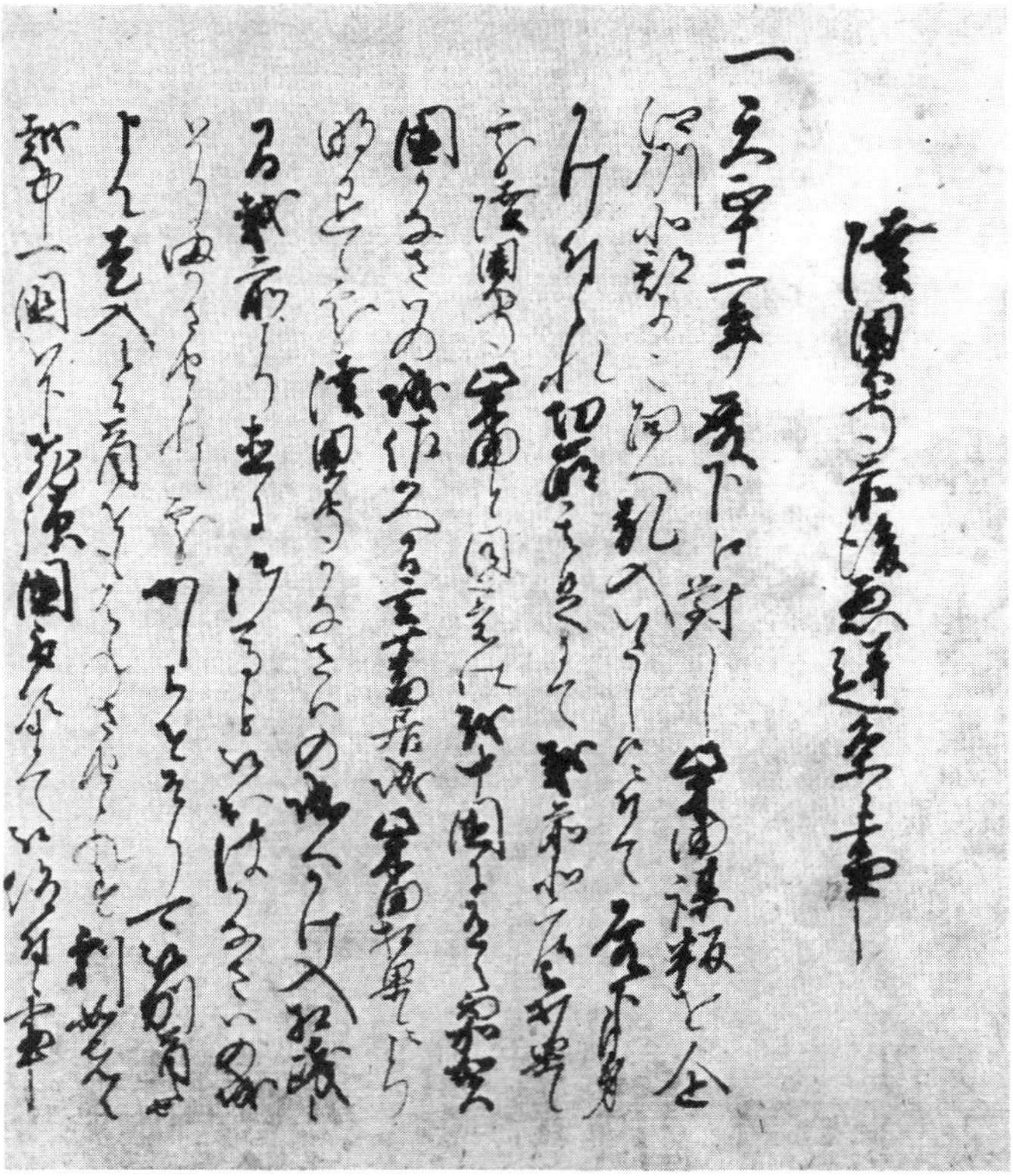

〔手紙番号⑰〕『島津家文書』東京大学史料編纂所所蔵

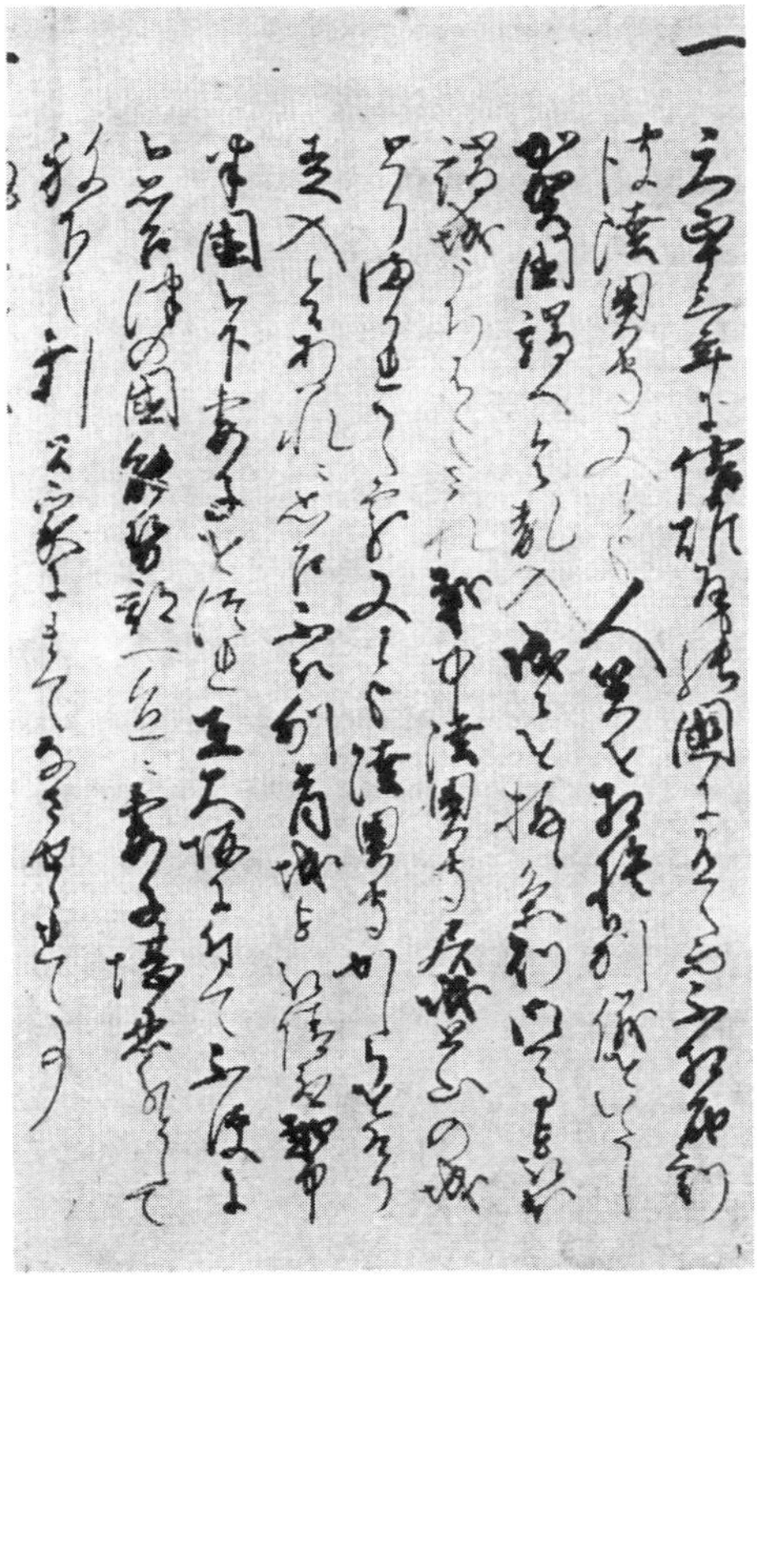

〔手紙番号⑰〕（『島津家文書』）

陸奥守（佐々成政）前後悪逆条々の事

（1）一、天正十二（一）年、殿下（秀吉）え対し、柴田（勝家）謀叛を企て、江州北郡よご（余吾）面（おもて）へ乱入いたし候に付いて、殿下自身かけ付けられ切崩し、その足にて越前北庄打果たされ候処、陸奥守柴田と同意仕り、越中国にこれありて、加賀国かなざわ（金沢）の城、佐久間玄蕃（盛政）居城、柴田相果て候により、明け退き候処、陸奥守かなざわの城へかけ入、相践（ふ）み候間、越前より直に御馬を出だされ、かのかなざわの城とりまかさせられ候処、かしらをそり、首（こうべ）を刎ねらるべきの由申候て、走り入り候間、首をもはねさせられず、剰（あまつさ）え先々の如く、越中一国下され、

飛弾（騨）国取り次ぎまで仰せつけられ候事、

一、(2)天正十三（二）年に、信雄（織田）、尾張国にこれありて、相届かざるの刻（きざみ）、かの陸奥守、又ぞろや、人質を相捨て、別儀をいたし、加賀国端へ乱入せしめ、城々を拵（こしら）え候条、則ち御馬を出だされ、端城（はじろ）うちはたされ、越中陸奥守居城と山（富）の城とりまかれ候の処、又ぞろや、陸奥守かしらをそり走り入り候間、あはれに思（おぼ）し召し、首を刎ねられず、城を請け取られ、越中半国下され、妻子をつれ、在大坂に付いて、不便に思し召され、津の国能勢郡一色（職）に、妻子堪忍分として下され、剰え公家にまてなさせられ候事、

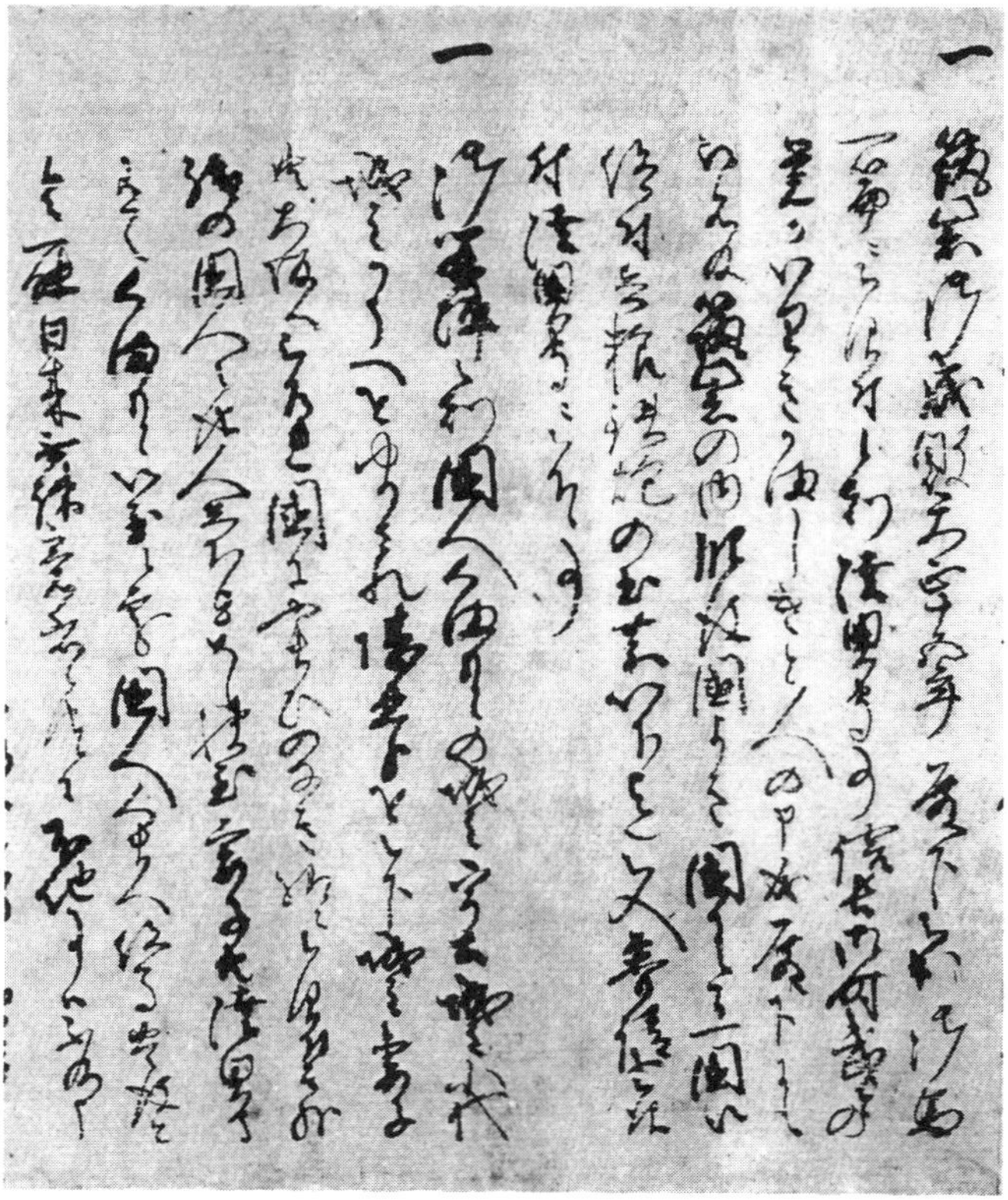

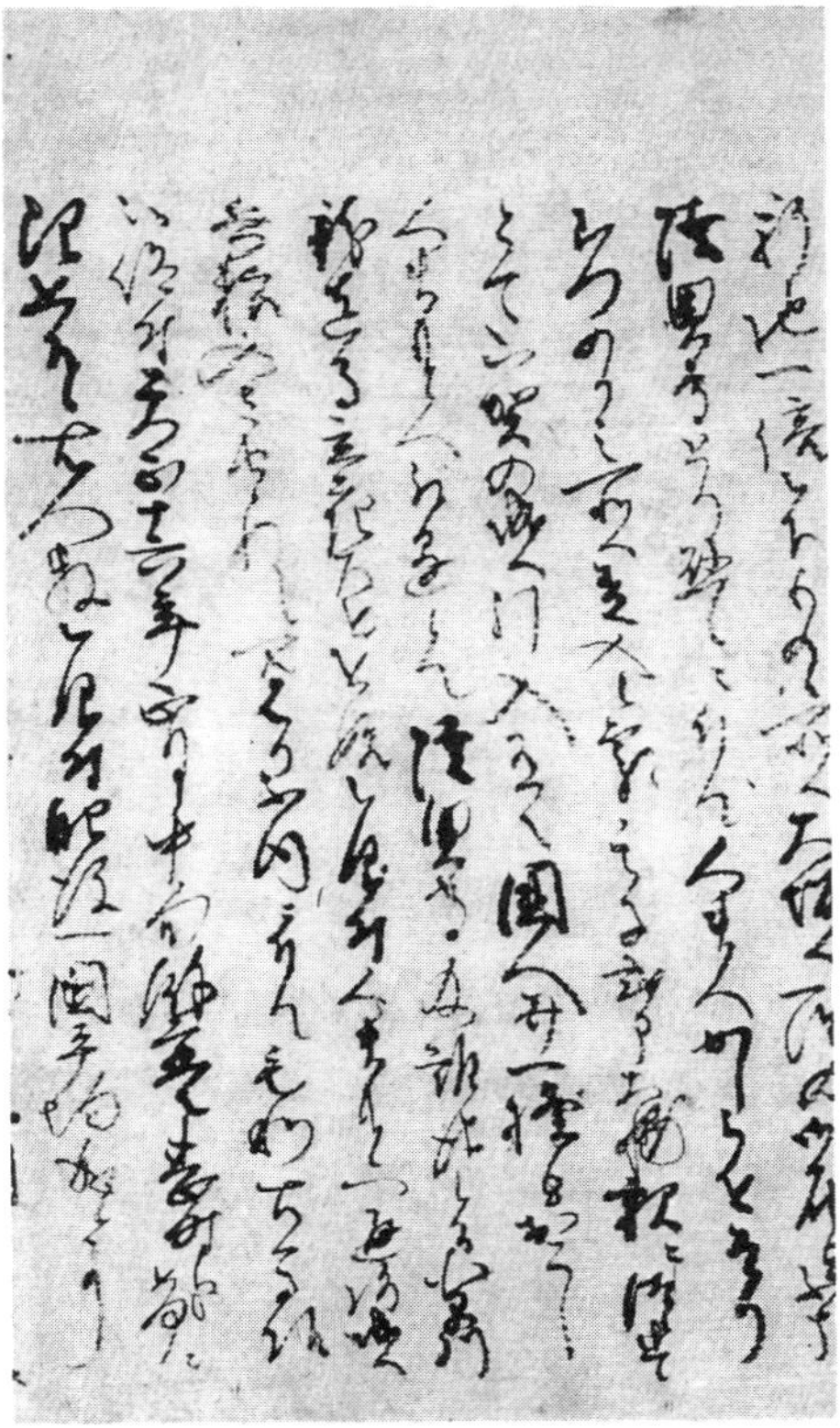

一、(3)筑紫御成敗、天正十五年、殿下御馬を出だされ、一篇(いっぺん)に仰せ付けられ候刻、陸奥守の事、信長の御時、武者の覚(怪力)かいりきかましきと人の申し成し、殿下にも見及ばせられ、筑紫の内、肥後の国よき国に候間、一国仰せ付けられ、兵粮・鉄炮の玉薬以下迄入れさせられ、普請等仰せ付けられ、陸奥守に下され候事、

一、(4)御開陣の刻、国人くまもとの城主・宇土城主・小代城主、かうべをゆるされ、堪忍分を下され、城主妻子共、大坂へ召連れられ、国にやまひのなき様に仰せ付けられ、其の外、残りの国人の儀、人じちをめし置かれ、妻子共、睦奥守これあるくまもとに置かれ候処、国人くまへ但馬、豊後と一味せしめ、日来(ひごろ)疎意なき者

の儀候に、本地の事は申すに及ばず、新地一倍下さるものの所へ、大坂へ一往の御届を申さず、陸奥守とり懸け候に付いて、くまへかしらをそり、むつのかみ所へ走り入り候処、其の子式部大輔（親安）親につられ候とて、山賀（鹿）の城へ引き入れこれあり、国人幷（あわせ）て一揆をおこし、くまもとへ取懸け候て、陸奥守難儀に及び候間、小早川（隆景）・龍造寺（政家）・立花左近（宗茂）を始め、仰せ付けられ、くまもとへ路を通じ、城へ兵粮入させられ候へ共、はか行かざるに付いて、毛利右馬頭（輝元）仰せ付けられ、天正十六年正月中旬、余りに寒さ甚しき時分、如何に思し召し候と雖も、右の人数仰せ付けられ、肥後一国平均に成り候事、

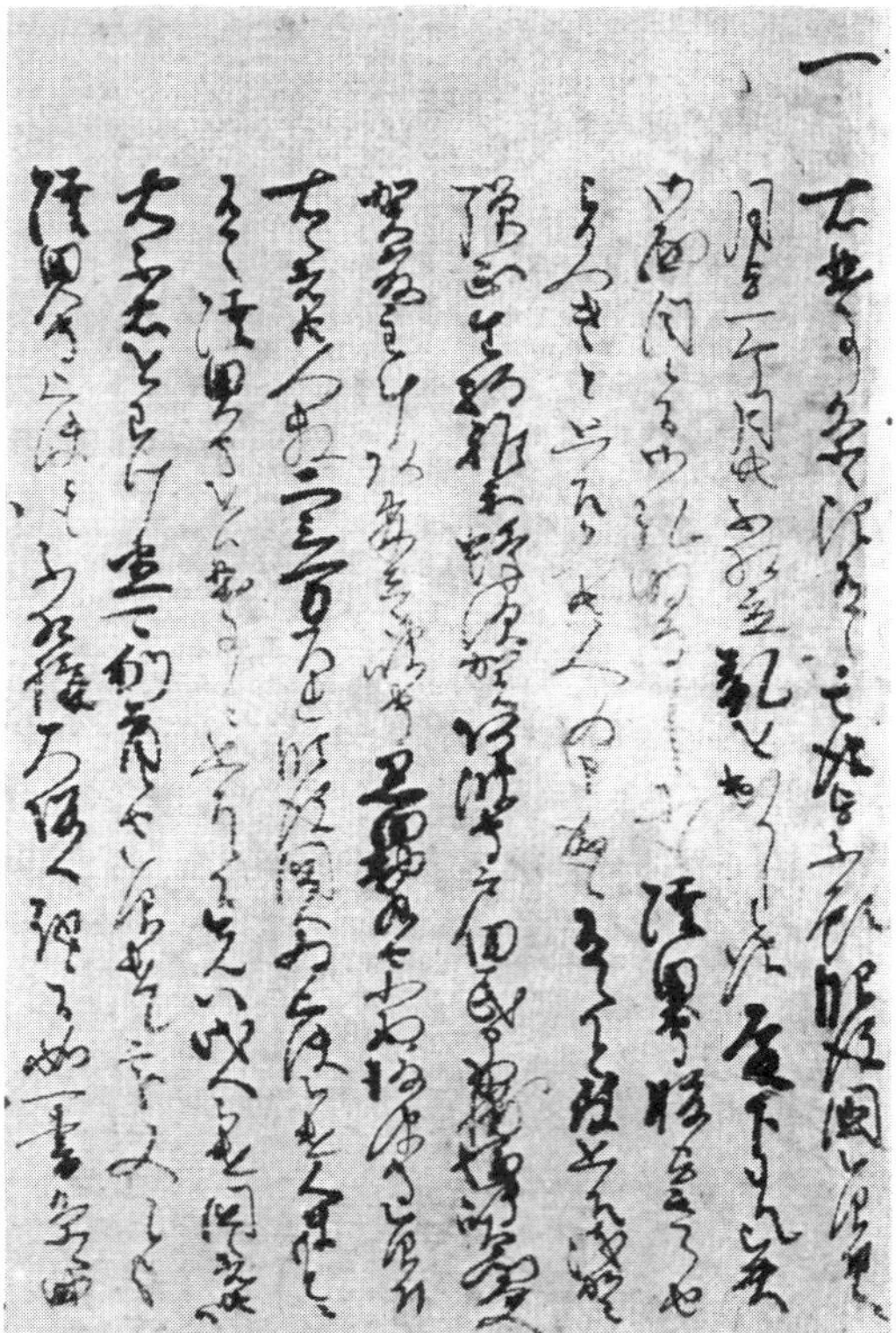

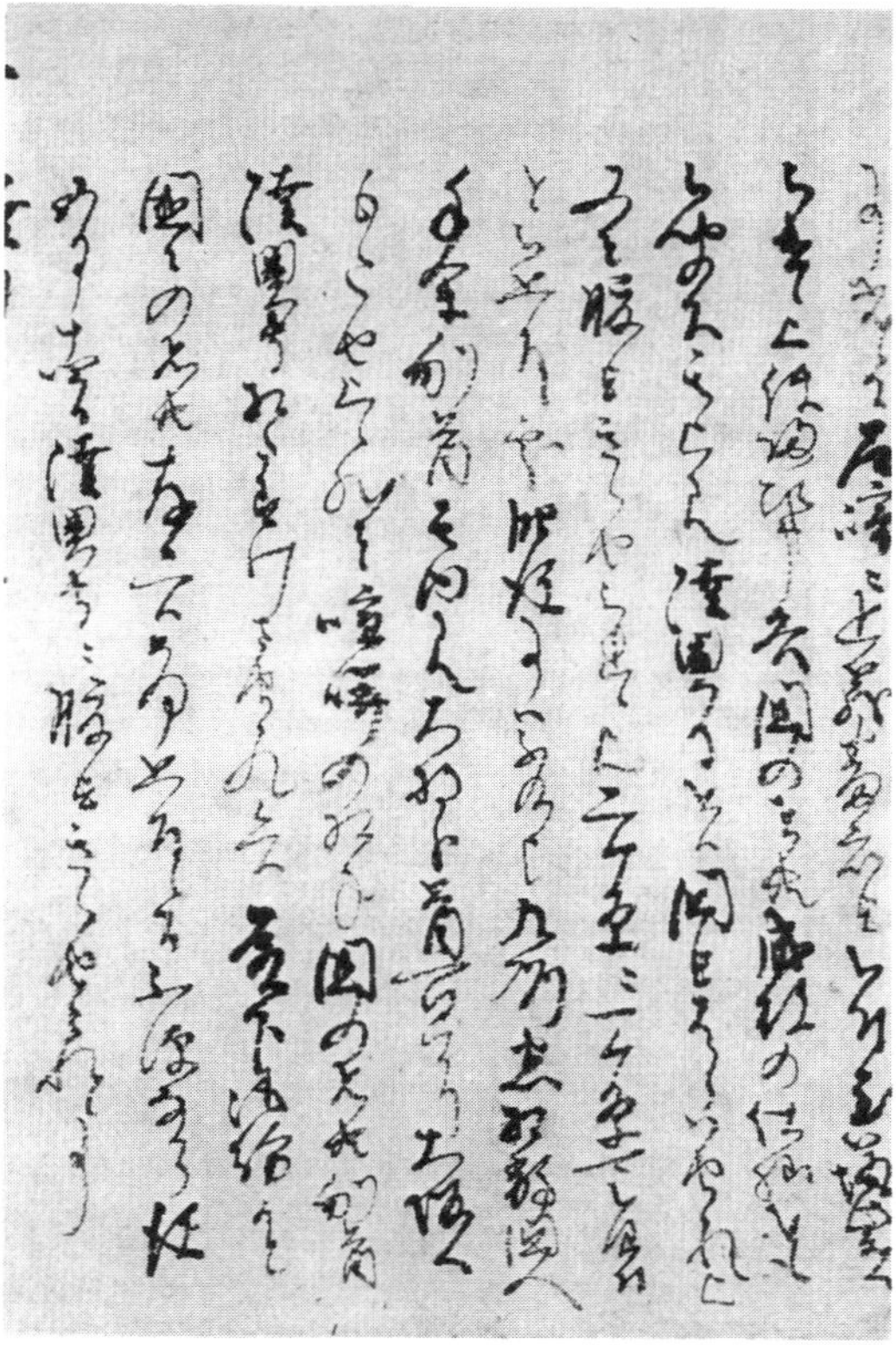

一、(5)右の曲事の条々、これありと雖も、其の儀を顧みず、肥後守仰せ付けられ候に、月を一ケ月共相立たず、乱を出かし候儀、殿下まで御面目を失われ候間、御紀明なしにも、陸奥守腹をきらせらるへきと思し召し候へ共、人の申し成しもこれあるかと思し召され、浅野弾正(長政)・生駒雅楽(親正)・蜂須賀阿波守(家政)・戸田民部少輔(勝隆)・福嶋左衛門大夫(正則)・賀(加)藤主計頭(清正)・森壱岐守(吉成)・黒田勘解由(孝高)・小西摂津守(行長)仰せ付けられ、右之者共人数二、三万召し連れ、肥後国へ上使として遣わされ、くまもとにこれある陸奥守をは、曲事に思し召し候間、先ず八代(肥後)へ遣わされ、国の者共は忠不忠をわけ、悉く首を刎ぬべきの由、仰せ遣わされ候処、又ぞろや、陸奥守上使にも相構わず、大坂へ越し候間、一書の如く条々曲事の者に候間、尼崎に追い籠め、番衆を付け置かれ、筑紫へ遣わされ候上使帰り次第、各国(おのおの)の者共、成敗の仕様を聞こし召され、其の上にて、陸奥守をば、国をはらわせられ候か、又は腹をきらせられ候か、二ケ条に一ケ条仰せ付けらるべし、と思し召され候処、肥後の事は申すに及ばず、九州悉く相静まり、国人千余首を刎ね、其の内にて大将分の首百ばかり、大坂へもたせ上(のぼ)せ候、然らば喧嘩の相手の国の者共首を刎ね、陸奥守相たすけさせられ候へば、殿下の御粉(まぎれ)かと、国々の者共存候へば、如何と思し召し候間、不便(ふびん)ながら後(のち)の五月十四日、陸奥守に腹をきらせられ候事、

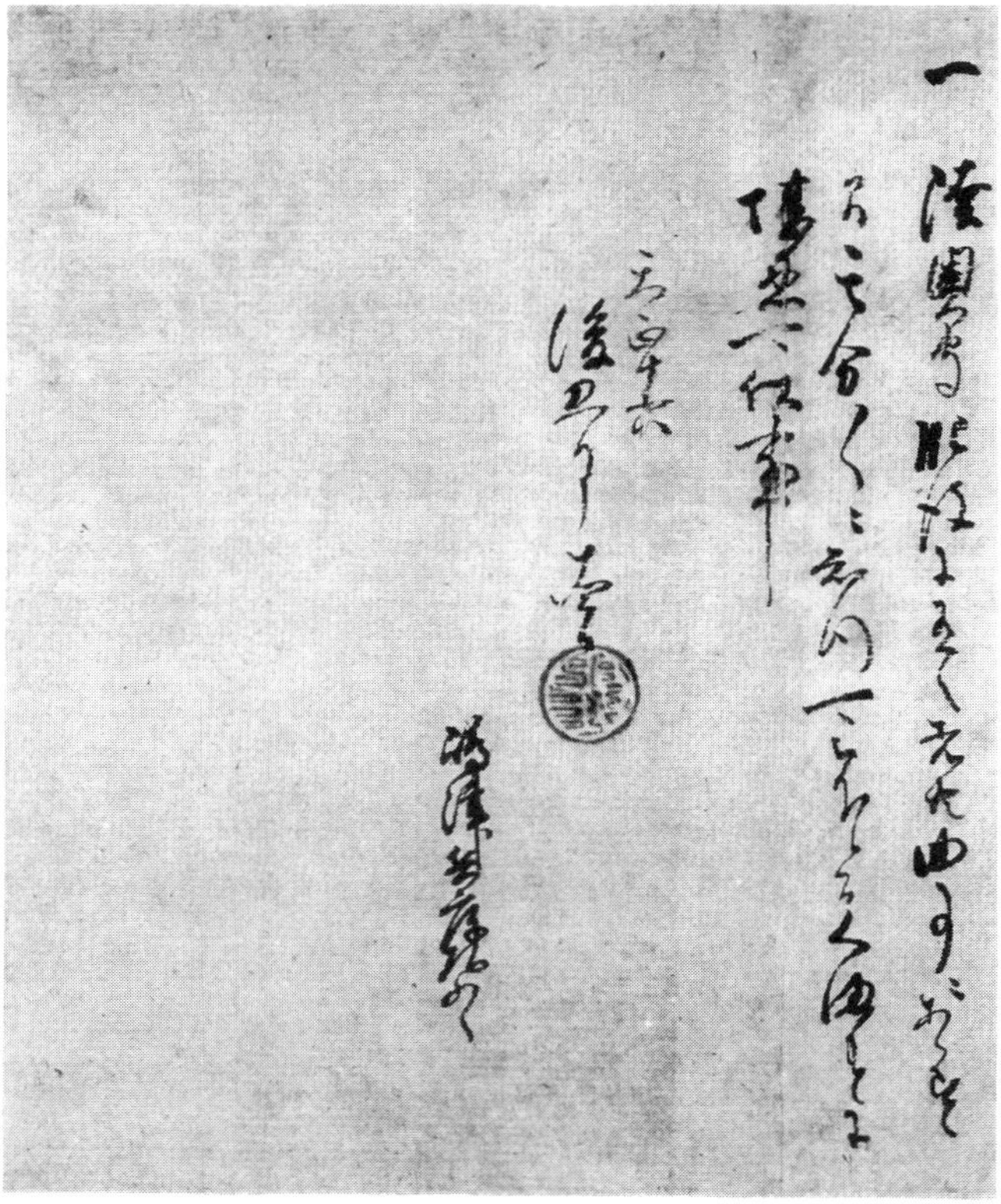

一、(6) 陸奥守肥後にこれある者共、曲事にあらず候間、其の分(ぶん)〳〵に知行下さるべく候間、くまもとに堪忍仕るべき事、

天正十六

後五月十四日　(秀吉)(朱印)

嶋津兵庫頭(義弘)とのへ

の隈部親永が、大友義統と協力して、日ごろ、忠節を尽くしている人物なので、本領は申すまでもなく、新地も与えていたのですが、その所へ、秀吉に一往の相談もなく、成政が親永を攻めたので、親永が髪をおろし、成政に降った。すると親永の子親安が、親に引きずられたのでしょう、山鹿の城へ引きこもり、国人と一揆を起こして、成政の居る熊本城を攻撃した。そこで、成政が難儀に及んだので、小早川隆景・龍造寺政家・立花宗茂をはじめとして申し付け、熊本へ路を通じ、兵糧を城へ入れさせたのであるが、なかなかはかどらないので、毛利輝元に命令し、天正十六年正月中旬、あまりに寒いときなので、いかがと思っていたのであるが、前に遣わした人々に命令して、肥後の国一国が平定されたのである」とあります。

「第五条は、成政には、以上のような曲事が数々あったのであるが、それらのことは顧みずに、肥後の国を与えたのである。けれども、一か月も経たないうちに、国に叛乱が起こったことは、秀吉まで御面目を失われた。御糾明をされなくても、成政に腹を切らせるのは当然であると思われたが、人の言いこしらえもあるかと思われたので、浅野長政・生駒親正・蜂須賀家政・戸田勝隆・福嶋正則・加藤清正・森吉成・黒田孝高・小西行長たちに命じ、以上の者の人数二、三万人を召し連れ、秀吉の上使として熊本に派遣をした。そこで、熊本城に居た成政は、曲事であったと思われたので、まず同国の八代に遣わし、国の者の忠と不忠を分けて、ことごとく首を刎ねよと仰せ遣わされましたところ、またとしたことであろうか、成政は、上使にも断らず、秀吉の居る大坂城に謝罪にやって来たので、ここに書いたように、成政は種々曲事のある者であるから、尼崎に追籠めて番衆をつけ、九州へ遣わした上使が帰って来しだい、各々の国の者どもの成敗に関する報告を受けた上で、成政を国から追放するか、または、腹を切らせるか、二つのうちの一つを仰せ付けなければならない、と考えていた。そこで上使が、肥後の国は申すまでもなく、九州はことごとく静まったと報告し、国人を千人ほど首を刎ね、その中で大将分の首を百ほど大坂へ持ってまいりましたので、喧嘩の相手の国の者の首を刎ねたのに、成政を助けてしまったならば、喧嘩両成敗の儀にも背き、殿下の御政道の御紛かと国々の者どもが考えるのではないか、と思われたので、ふびんながら、今年の閏五月十四日に、成政に腹を切らせたのである」とあります。

「最後の第六条は、成政の配下で肥後に居る者は、曲事ではないので、分相応に知行を下さるので、熊本で生活せよ」と言っています。

日付は、天正十六（一五八八）年閏五月十四日で、日付の下に、秀吉の円形の朱印が捺してあります。あて名は嶋津兵庫頭、つまり島津義弘にあてられています。

大変に長い文章ですが、成政が天正十一年に、柴田勝家に与して秀吉に対抗して以来、同十六年に秀吉から切腹を命ぜられて自殺するまでの過程が、実に順序よく、理路整然と記され、秀吉の頭脳の明晰さを、ありありと感じさせるように思います。秀吉の自筆のかな書きの文書とは、対照的な右筆書きの漢文体の文書でした。

信長の時代から、秀吉の先輩であり、また、同僚であった成政ですから、秀吉も成政の違背行為には、相当に寛大であり、慎重に対処してきたわけですが、関白殿下の御政道に乱れがあってはならないと、ついに切腹を命じたわけです。

ところで、このような長文の文書の書き方を、一体、秀吉は誰から学んだのでしょうか。わたくしは、これはどうも信長から学んだように思えてなりません。信長が、元亀三（一五七二）年九月、十七か条にわたって将軍足利義昭の失政を糾弾した文書があります。この文書は、もちろん、『信長公記』に入っていますが、奈良興福寺大乗院の尋憲（じんけん）という人の日記『尋憲記』にも、翌年二月二十二日の条に、全文が引用されています。

ですから、このころには、この義昭糾弾の文書が、京都や奈良周辺に、知れわたっていたことが、わかります。その内容は、どうして将軍を追放して、自分が政権を担当するのか、という理由を意志表示した文書です。

また、天正八（一五八〇）年八月、信長が宿老の佐久間信盛を追放したときの文書も、『信長公記』に入っていますが、実に長文で十九か条にわたり、信盛の失策をじわじわと攻めつける有様は、相当のものです。この文書は、信長が自筆で書いたということですが、原本は残っていません。しかし、家臣に公表されたことは確実でしょう。この「手紙番号⑰」の『島津家文書』も、成政の罪状を順次あげていくやり方は、全く同じです。この文書も、同文のものが数点残っていますので、もちろん、諸大名に公表されたわけです。

このように、信長にしても、秀吉にしても、相手の罪状を明らかにすることによって、自分の立場が公明正大であることを示し、家臣団の動揺を防ぎ、再び、同じようなことのないように、家臣団を掌握していく努力を怠らなかったわけです。そして、そのような場合の文書の書き方を、秀吉は、信長のやり方から身につけていったのではないのでしょうか。

それでは、この佐々成政を切腹させた理由を公表した『島津家文書』の原本を見てみましょう。東京大学史料編纂所所蔵の原本を見てみますと、四枚の料紙（文書を書く紙）が継がれて書かれています。第二章でも述べたように、文書の大きさは、縦が四十六・二センチ、横が二メートル二十七センチもあります。この大きさを実感したいという方は、模造紙でこれと同じ大きさの紙を作ってみて下さい。写真を参照して、ご覧になって下さい。いかにも見事なダイナミックな文書といえるのではないでしょうか。日付の下には、小さな直径約三・九センチの秀吉の朱印が捺されています。紙と印章の大きさが、何とも対照的です。このような文書を諸大名に出しているのです。実は、大きさでは、これ以上の秀吉の文書もありますが、今ここではふれません。

わたくしは、戦国武将の中で、あるいは、さらに広げて、日本人の中で、このように大きな、しかも、内容のある文書を出すことのできた人物は、秀吉の外にないのではないか、と思っています。信長もとうていこのようなところでは、秀吉に及ばないわけです。

このような文書は、もらった方でも、いつの間にか、秀吉様はすごい、という気分になってしまうのではないでしょうか。関白様には、どこまでもついていくのだ、という武将が多く存在した理由の一つに、このようなこともあったのかも知れません。

文書の原本にふれるという凄さの一端を申し上げました。

第十八章　小田原陣中から

ここで、小田原の陣、後北条氏征伐に関連した秀吉の文書を見てみましょう。

後北条氏（普通には北条氏という）は、秀吉に攻められて、天正十八（一五九〇）年七月五日、当主氏直が、自分が自殺することにより、父氏政以下の人々の助命を、秀吉に願い出ました。秀吉はその心意気に感じ、かえって氏直の死を許し、氏政以下の自殺を命じました。同月十一日、氏政や弟氏照らが、自刃して、この戦役は終了しました。

それでは、秀吉は、なぜ、北条氏を征伐したのでしょうか。その理由を、天下に公表したのが、前の年、天正十七年十一月二十四日付で、北条氏直に与えた秀吉の朱印状です。

この文書は、あて名が氏直一人ですが、同じあて名の全文同じ文書が数通原本で残っています。また、当時の公家の山科言経の日記『言経卿記』（原本は東京大学史料編纂所所蔵）にも、同年の十二月十六日条に、全文が引用されております。

言経が日記に書いているほどですから、当時の天皇である後陽成天皇や公家、京都居住の人々でも、当然、何人かの人々は、この朱印状を知っていたものと思われます。次に、これを読んでみましょう。

「手紙番号⑱」（一八六〜一九〇ページ）です。

例のごとく、ざっと口語訳してみましょう。全部で、五か条あります。

「第一条、北条の事は、近年、公儀（秀吉）を蔑み、秀吉の呼びかけの上洛をしない。関東において、ほしいままに狼藉の事、申す言葉もない。そこで、去年、誅罰を加えようと思ったが、家康が縁者（家康の二女督姫が当主の氏直に嫁している）であるので、いろいろと懇望するので、条件を示したところ、お請けするというので、お許しになり、美濃守（氏政の弟氏規）[37]が上洛し、秀吉にお礼を申しました。

第二条、先年、家康と定められた事柄について、家康が相違しているように申したので、氏規が、秀吉と面会して決めたことであるから、国の境界のことについては、承認され、現状のままと仰せ付けられた。そこで、北条家の使いをよこせと申されましたので、江雪（板部岡融成）[38]を差し上せました。

家康と北条の国分の約束はどうかと尋ねられましたが、甲斐と信濃の中の城は、家康の手柄次第に申し付ける、上野（群馬県）については、北条に申し付ける、と決定し、甲斐・信濃の両国は、家康に申し付けられました。

上野の沼田城については、北条氏の力でできず、また、家康が相違しているように言うので、いろいろと難癖をつけて、北条が上洛しないのであろうかと、秀吉が思われて、そのことについては、沼田は、北条に下された。しかし、上野のうち、真田昌幸[39]が持っていた知行の三分の二は、沼田城に付けて、北条に下される。三分の一は、真田に下されたので、その中にある城は真田が支配することを、仰せ定められた。

また、北条に下された三分の二の替地は、家康から真田に渡す、ということで決着し、北条が上洛せよとの一札を出した。すなわち、秀吉が使いを出し、沼田を北条に渡すことを仰せられ、北条の使いの江雪を帰国させた。

第三条、本年十二月上旬に、氏政が上洛する旨、承諾の一札が進上された。これによって、秀吉の使いの津田信勝と富田知信が、真田のいる沼田へ下った。

第四条、北条が沼田の要害を受け取った上は、約束の一札に任せ、氏政が上洛すると思っていたところ、真田が持っている奈胡桃（なぐるみ）の城を取って、北条が約束に相違した上は、北条の使者に面会する必要はない。その使者は自害して当然であるが、命を助けて返し遣わした。

第五条、秀吉は若輩のとき、孤児となって、信長公の家臣となり、身を山野に捨て、骨を海岸に砕き、干戈（かんか）を枕とし、夜半に寝て、夙（つと）に起きて、軍忠をつくし、戦功をはげました。中ごろから、信長公の君恩によって、人に名を知られるようになった。これによって、西国征伐を命ぜられ、大敵毛利と雌雄（しゆう）を争うとき、明智日向守光秀が、無道の故をもって、信長公を討った。この注進を聞き、毛利との戦いに勝利し、直ちに上洛、光秀の頸を討ち、主恩を報じ、会稽（かいけい）の恥をそそいだ。

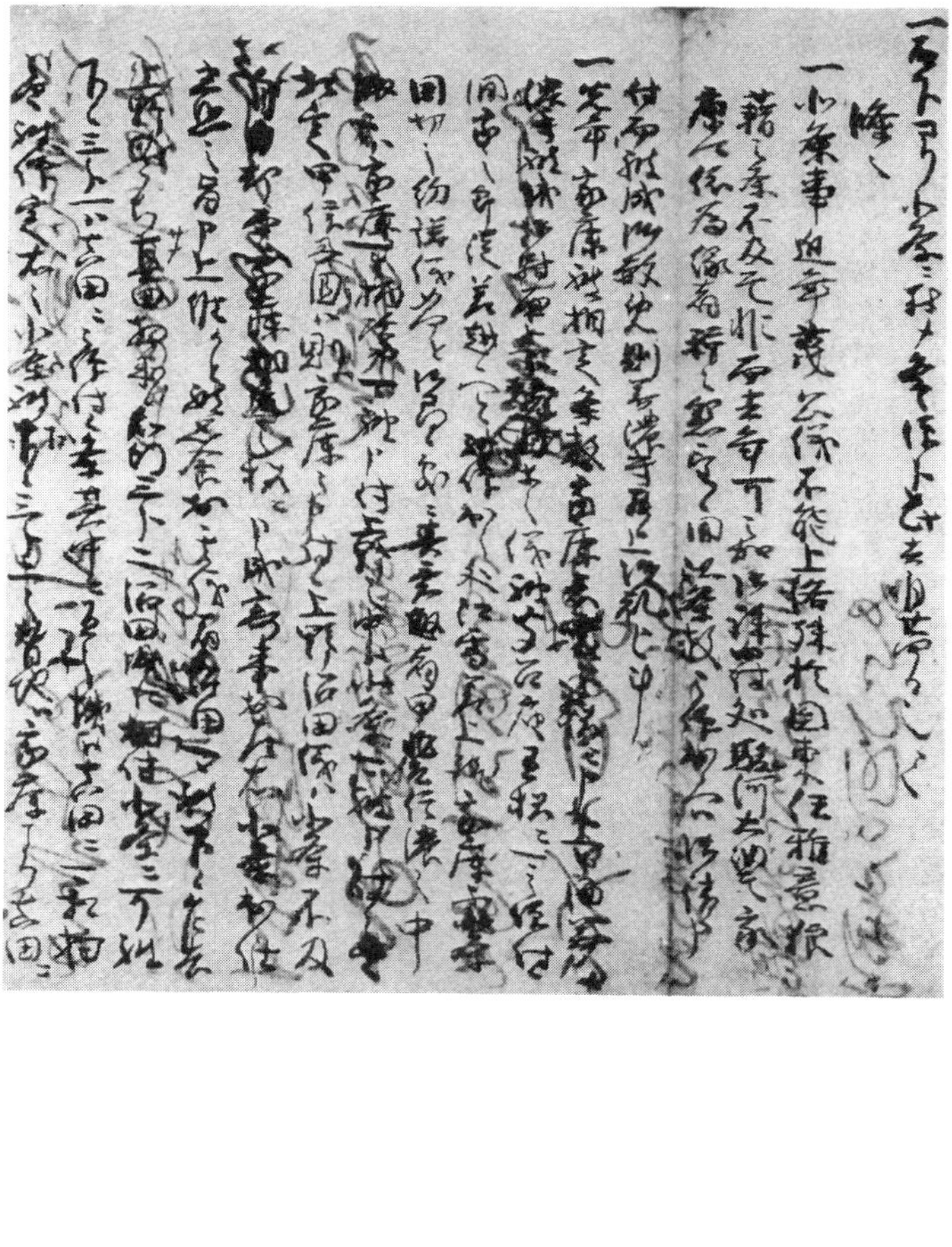

〔手紙番号⑱〕『言経卿記』天正十七年十二月十六日条(1)
東京大学史料編纂所所蔵

〔手紙番号⑱〕（『言経卿記』天正十七年十二月十六日条）

一、殿下ヨリ北条（氏直）ニ対シテ、条々仰セ分、此の如し、去月廿四日也云々、

条々

一、(1)北条事、近年公儀を蔑（さげす）み、上洛能わず、殊に関東において、雅意に任せ、狼藉の条、是非に及ばず、而して去年御誅罰を加へらるべき処、駿河大納言家康卿、縁者たるによって、種々懇望候間、条数を以て仰せ出だされ候へば、御請（おう）け申すに付て、御赦免なされ、則ち美濃守（北条氏規）罷り上り、御礼申し候事、

一、(2)先年家康相定めらるる条数、家康表裏（ひょうり）の様に申上候間、美濃守御対面なさるる上ハ、境目等の儀、聞し召し届けられ、有様に仰せ付けらるべき間、家の郎従差し越し候へと、仰せ出ださるの処、江雪（板部岡融成）差し上し訖（おわんぬ）、家康と北条国切の約諾の儀、如何と御尋候処に、其の意趣は、甲斐・信濃の中の城々は、家康手柄次第申し付けらるべし、上野の中は、北条申し付けらるべきの由、相定め、甲・信両国は則ち家康申し付けられ候、上野沼田儀は、北条自力に及ばず、却つて家康相違の様に申し成し、事を左右によせ、北条出仕迷惑の旨申し上げ候かと、思（おぼ）し食（め）され、其の儀においては、沼田下さるべく候、去り乍ら、上野のうち、真田（昌幸）持ち来り候知行三分の二、沼田城に相付け、北条に下さるべく候、三分の一は、真田に仰せ付けられ候条、其の中

〔手紙番号⑱〕『言経卿記』天正十七年十二月十六日条(2)

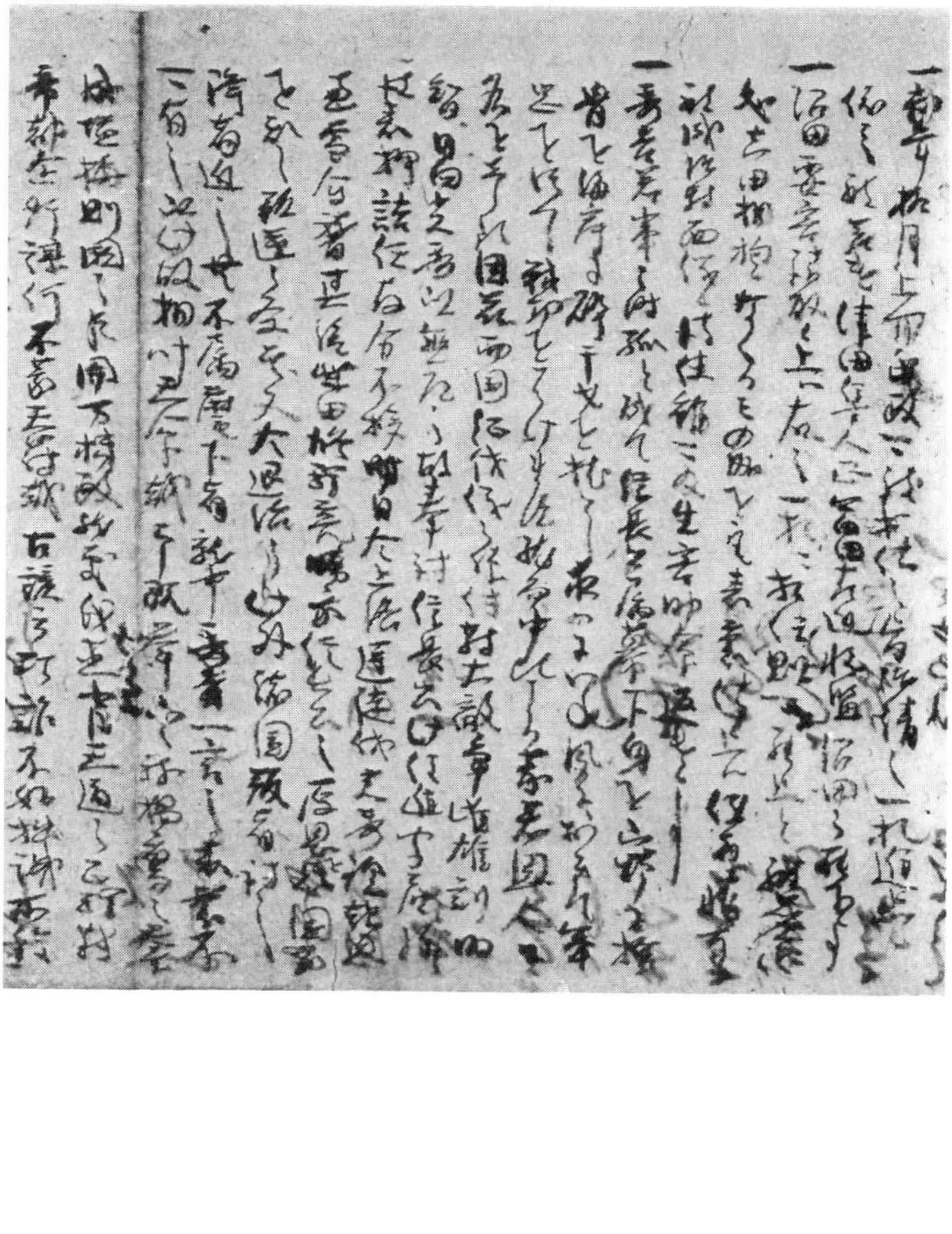

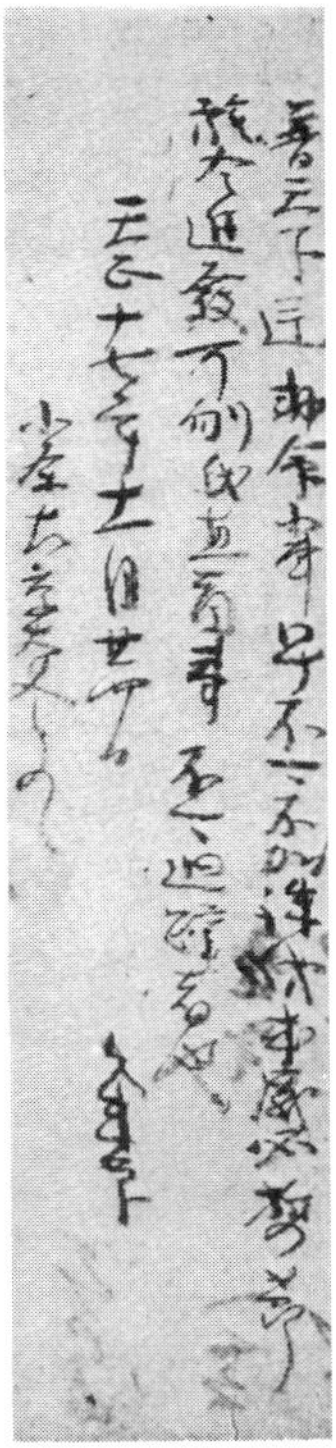

にこれある城は、真田に相拘うべきの由、仰せ定められ、右の北条下され候三分の二の替地は、家康より真田に相渡すべき旨、御究めなされ、北条上洛仕るべしとの一札、これを出す、則ち御上使差し遣され、沼田相渡すべき旨、仰せ出され、江雪返し下され候事、

一、(3)当年極月上旬、氏政出仕致すべきの旨、御請の一札進上候、これによって、津田隼人正(信勝)・富田(知信)左近将監、沼田罷り下られ候、

一、(4)沼田要害請取り候上は、右の一札に相任せ、則ち罷り上るべしと思し食され候処、真田相拘候なくるミ(奈胡桃)の城を取り、表裏仕る上は、使者に御対面なさるべき儀に非ず候、彼の使、生害に及ぶべしと雖も、命を助け返し遣し候事、

一、(5)秀吉若輩の時、孤と成て、信長公幕下に属し、身を山野に捨て、骨を海岸に砕き、干戈を枕とし、夜はにいね、夙におきて、軍忠をつくし、戦功をはげます、然して中比より君恩を蒙り、人に名をしらる、茲により西国征伐の儀、仰せ付けられ、大敵に対し、雌雄を争う刻、明智日向光秀、無道の故を以て、信長公を討ち奉る、此の注進聞届け、弥彼の表押し詰め、存分に任せ、時日を移さず上洛せしめ、逆徒光秀の頸を伐ち、恩恵を報じ、会稽を雪(そそ)ぐ、其の後、柴田

修理亮勝家、信長公の厚恩を忘れ、国家を乱し叛逆の条、是又退治せしめ了ぬ、此の外、諸国叛者はこれを討ち、降る者はこれを近づく、麾下に属せざる者なし、就中、秀吉一言の表裏これあるべからず、此の故を以て、天命に相叶う哉、予すでに登龍揚鷹の誉れをあげ、塩梅則闕の臣となり、万機の政に関る、然る処、氏直天道の正理に背き、帝都に対し奸謀を企つ、何ぞ天罰を蒙らざらんや、古の諺に云う、巧詐は拙誠にしかずと、所詮、普く天下の勅命に逆う輩は、早く誅伐を加えざるべからず、来歳必ず節旄を携えて、進発せしめ、氏直の首を刎ぬべきこと、踵をめぐらすべからざる者也、

天正十七年十一月廿四日　(秀吉)御朱印

(氏直)北条左京大夫とのへ

その後、柴田勝家が、信長公の厚恩を忘れて、国家を乱し叛逆をしたので、これもまた退治した（この辺のところは、秀吉の自己宣伝でしょう）。この外、諸国で叛く者はこれを討ち、降る者はこれを近づけたので、麾下に属さない者はない。就中、秀吉に一言の表裏はない。この故に、天命に叶っているのである。自分は、今や登龍揚鷹の誉れをあげ（関白という位にのぼり）、塩梅則闕の臣となり、万機の政に関与している（天下の政治を掌握している）。然るに、氏直は、天道の正理に背き、帝都（京都、秀吉を指す）に対し奸謀を企てようとしている。どうして天罰を蒙らないことがあろうか。昔

の諺にいう。「巧詐は拙誠にしかず」（巧に偽ることは、拙き誠心があるのに及ばない）と。所詮、普く天下の勅命に逆う輩は、早く誅伐を加えないわけにはいかない。来年は必ず節旄（天子から任命のしるしとして、征将、使節に与えられた旗）を携えて進軍し、氏直の首を刎ねることは、踵をめぐらすべからざる者也（わずかな時間で討ちとる）」と言っています。

実に堂々たる宣戦布告状といってよいでしょう。

ところで、第五条の内容は、秀吉の一代記ともいってよいと思いますが、文章の様子が他の条と異っています。これは、相国寺の住持西笑承兌(40)の日記『日用集』を見てみるとわかります。この文書が書かれた前日、この承兌と右大臣菊亭晴季が、秀吉に呼び出され、この文書の起草に関与したからなのです。もちろん、秀吉の右筆、楠長諳も同席していました。

さて、大分、政治に関する長い文書を読むことが続きましたが、この辺で、一息入れましょう。

この小田原陣中から、秀吉が妻おねに与えた文書です。「手紙番号⑲」（一九二〜一九九ページ）の文書で、天正十八年四月十三日付で、おねの侍女「五さ」に与えておりますが、これは形式上のことで、実際は、おねに与えているわけです。

大きい字で書いてある、「さいさい人給候」とある所から、読み始めます。四月十三日付の手紙ですから、小田原落城の三か月ほど前のものです。秀吉がじっくりと腰をすえて、この戦いに臨んでいる様子がよくわかります。

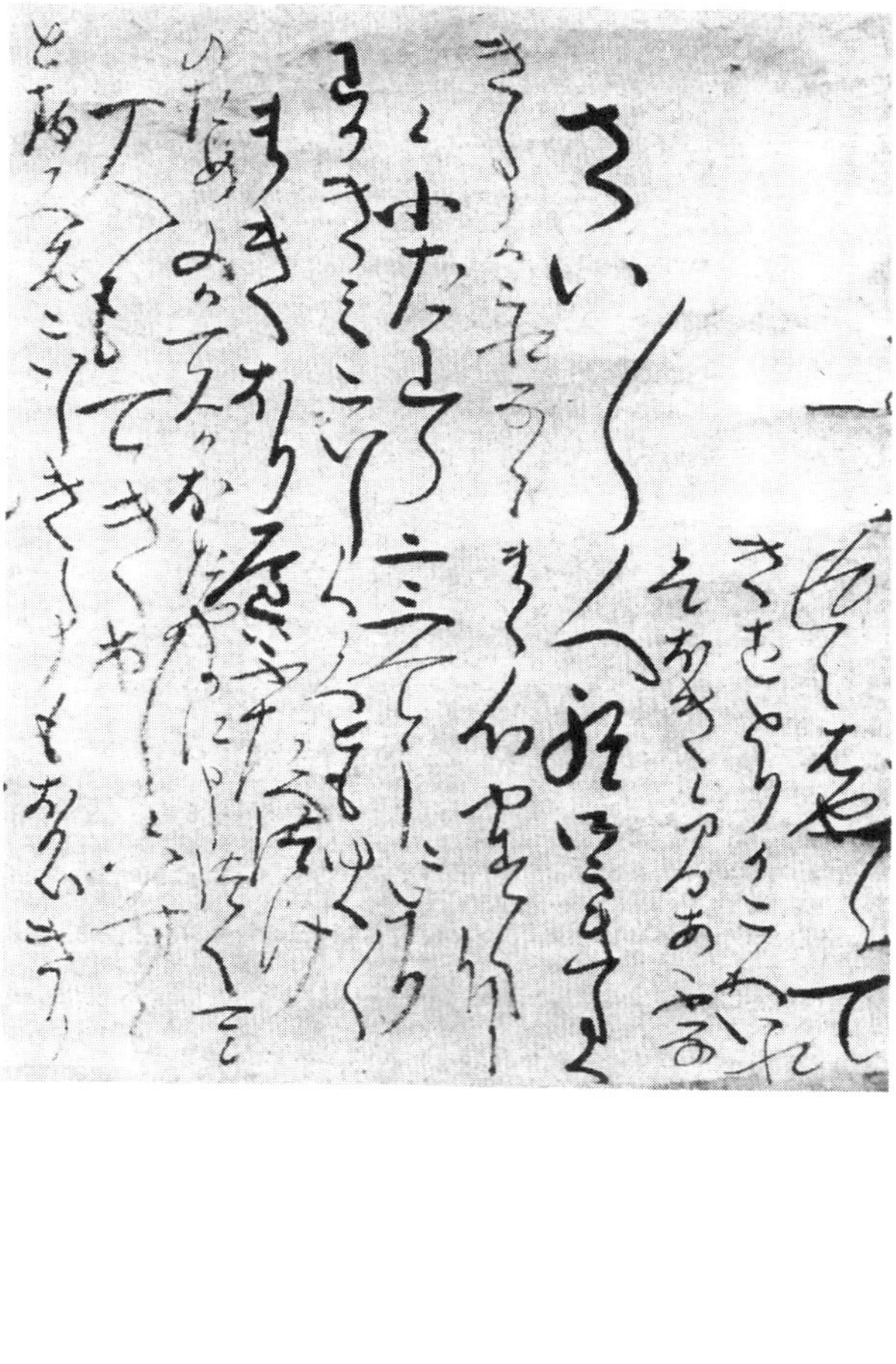

〔手紙番号⑲〕 高台寺所蔵

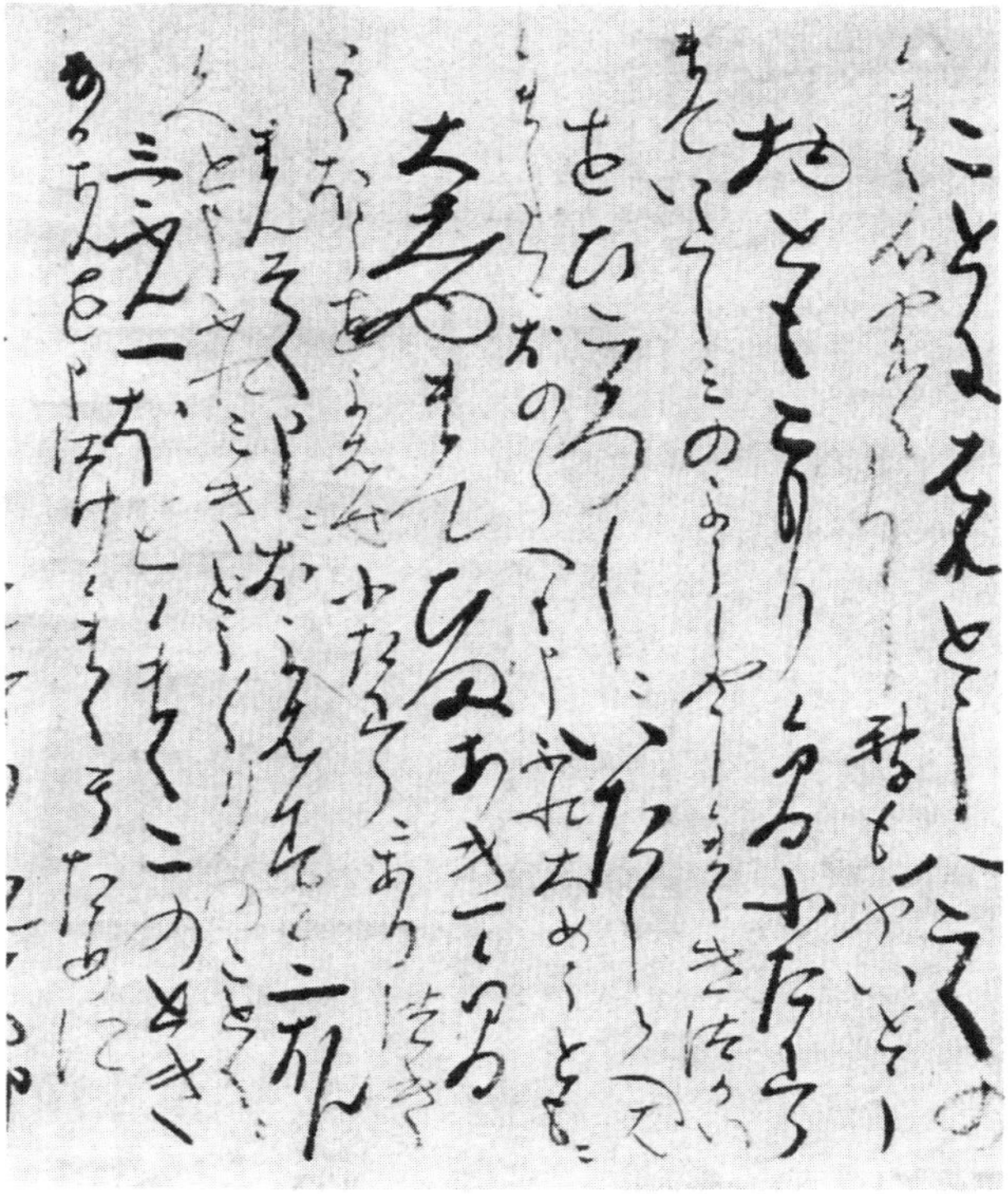

〔手紙番号⑲〕

返々、はや〳〵てきを、とりかこ(鳥籠)へいれ候ておき候間、あふなき事ハこれなく候まゝ、心やすく候へく候、わかきミこいしく候へとも、ゆく〳〵のため、又ハてんかおたやかに申つく可候と存候へは、こいしき事もおもいきり候まゝ、心やすく候へく候、我等もやいとうまていたし、ミのようしやう候まゝ、きつかい候ましく候、おの〳〵へも申ふれ、大めうとも、ニ、にうほう(女房)をよはせ、小たわら(衍カ)ニありつき候へと申ふれ、ミきとう〳〵りの

ことくニ、なかちんを申つけ候まゝ、其
ためによとの(淀者)物をよひ候ハん間、そもし
よりも、いよ〳〵申つかわせ候て、まへ
かとによをい(用意)させ候へく候、其もにつ(し脱カ)ゝ
き候てハ、よとの物我等のきにあい候よ
うニ、こまかつか(使)れ候まゝ、心やすくめ
しよせ候よし、よとへも其もしより申や
り、人をつかわせ候へく候、我等としを
とり可レ申候とも、としの内ニ一とうハ
其方へ参候て、大まんところ(政所)又ハわかき
ミをもミ(見)可レ申候まゝ、御心やすく候へ
く候、
さい〳〵人給候、御うれしく候、小たわら(田原)、
二三てう(丁)ニとりまき、ほり(堀)・へい(塀)ふたへつけ、

かくとしもとりそ（ら）ふも
ほとのちをよろつるをいうも
はけ（し）くまてるへふ
いふくはきら（む）せよるらうをい
みつきしもみきほきうをよらい
さるりそりみもきそふ
るそこのためにての
うとのやすのきそよういふに
ころしものをい
をとうもとうい
よすりんりをくのい
るーろめいきくるかり
しゃりんをほうそ

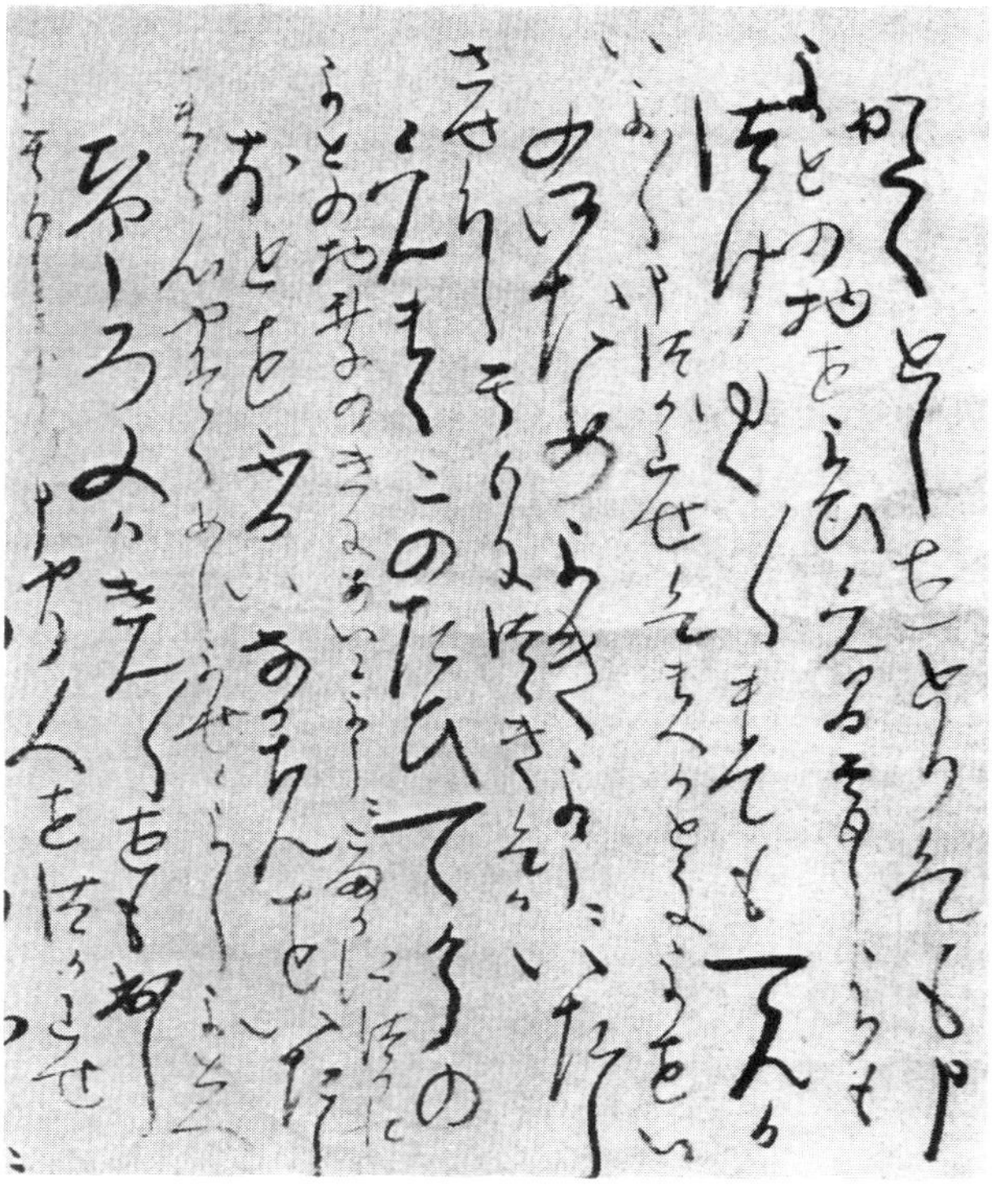

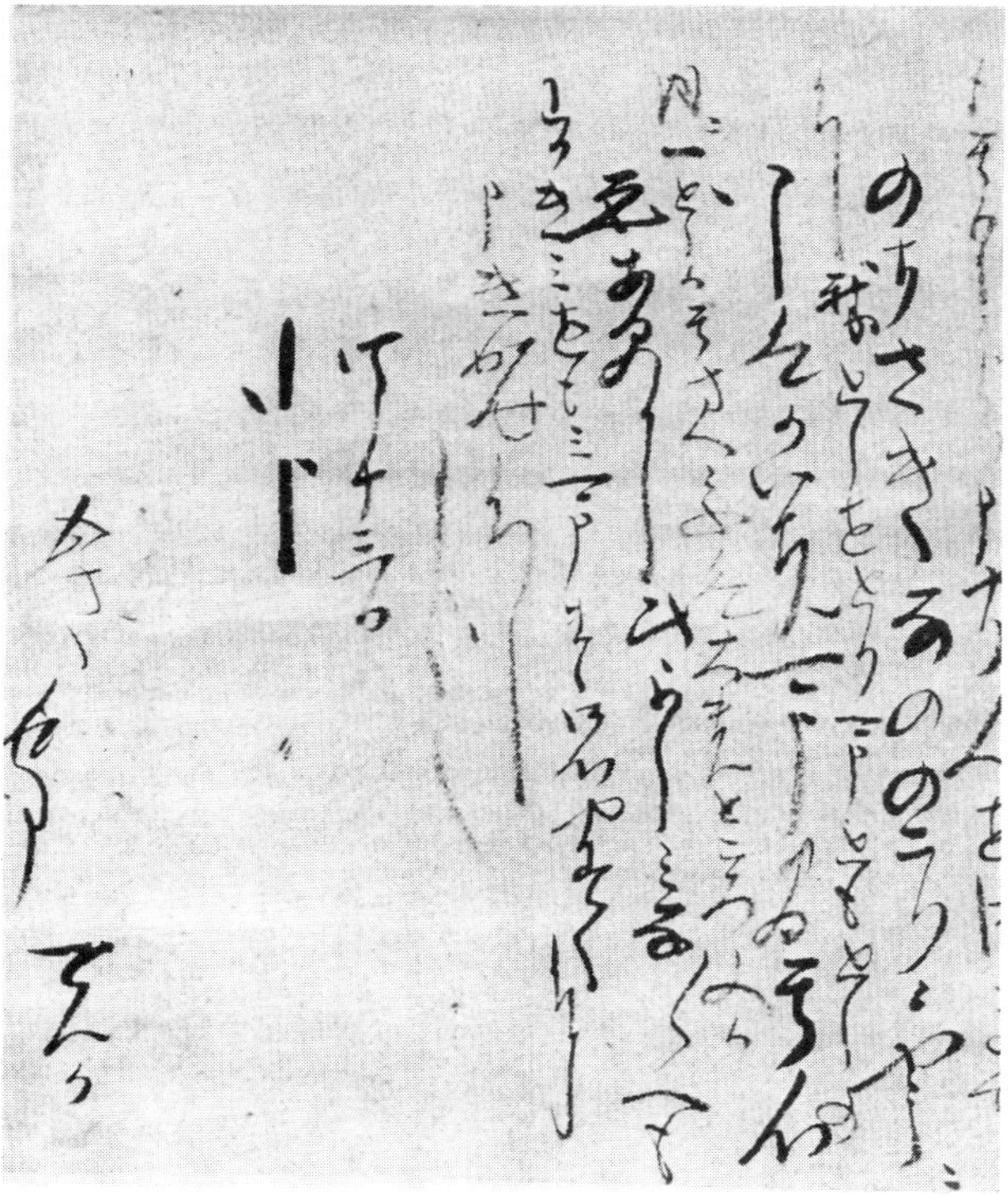

一人もてき出し候ハす候、ことに、はんとう（坂東）
八こく（国）の物ともこもり候間、小たわらをひこ
ろし（干殺）ニいたし候へは、大しゅ（奥州）まてひまあき（隙明）候
間、まんそく申ニおよはす候、二ほん（日本）三ふん（分）
一ほと候まゝ、このときかたく（堅）としをとり候
ても申つけ、ゆく〳〵（行々）までも、てんかの御た
めよきようニいたし候ハんまゝ、このたひ
てから（手柄）のほとをふるい、なかちんをいたし、
ひやうろ又ハきん〳〵（金銀）をも出し、のちさきな（名）
ののこり候やうニい（た脱カ）し候て、かいちん（開陳）可レ申
候間、其心ゑあるへく候、此よしミな〳〵へ
も申きかせ候へく候、かしく、

（天正十八年）四月十三日

「（墨引）」

五さ返事　　　てんか

秀吉は、本文で、「行く〳〵までも、天下の御ためによいようにするので、今度は手柄をふるって、長陣をし、兵糧や金銀も十分に使い、のち先、名が残るようにしている」と述べ、返し書の部分で、「各々へ申し触れ、大名どもに女房を呼ばせ、小田原へやって来いと申し触れ、長陣を申しつけた。そのために、淀の者（淀殿）を呼びたいので、お前の方からしっかりと申し遣わして、前もって用意をさせて下さい。お前の次には、淀の者が、私の気の合うように、濃（こま）やかに仕えてくれるので、心やすく来るように、淀の者へも、お前から申し遣わして、人を遣わして下さい」、と言っています。

とにかく、淀殿を呼びよせるのに、おねに頼んでいるところ、「お前の次に淀殿が……」などと言っているのは、秀吉にしか発言できない台詞（せりふ）のように思われます。

以上、小田原の陣に関する文書を二通ほど、読んでみました。

第十九章　母・愛児・女性たちへの手紙

この辺で、秀吉が母（大政所）や愛児（嫡男鶴松・次男秀頼）、数人の女性たちに与えた自筆の手紙を、読んでみましょう。すべて、『豊大閤真蹟集』に入っておりますので、ご覧になられた方もいるでしょう。

最初に、母に与えた手紙です。「手紙番号⑳」（二〇二～二〇三ページ）の文書です。

署名に「大かう（大閤）」とありますので、秀吉が関白職を甥の秀次に譲った、天正十九（一五九一）年十二月二十七日以後の文書ということになります。太閤は関白を譲った人のことをいいます。この手紙には「大かう」とありまして、「太」ではなく「大」の字を書いています。当時の文書や日記には、すべて「大」で出てきます。『太閤記』のように、「太」の字を書くようになるのは、江戸時代に入ってからでしょうか。ですから、『豊大閤真蹟集』の書名も、「大」の字が書かれているわけです。

それはともかく、署名の所に「なこやより」とありますから、朝鮮への出兵の本拠地の肥前（佐賀県）の名護屋から発信したもので、文禄元（一五九二）年五月六日の文書であると推定されます。また、あて名の「さいしやう」は、「宰相」と書きますが、秀吉の母大政所（天瑞院）の侍女ですから、

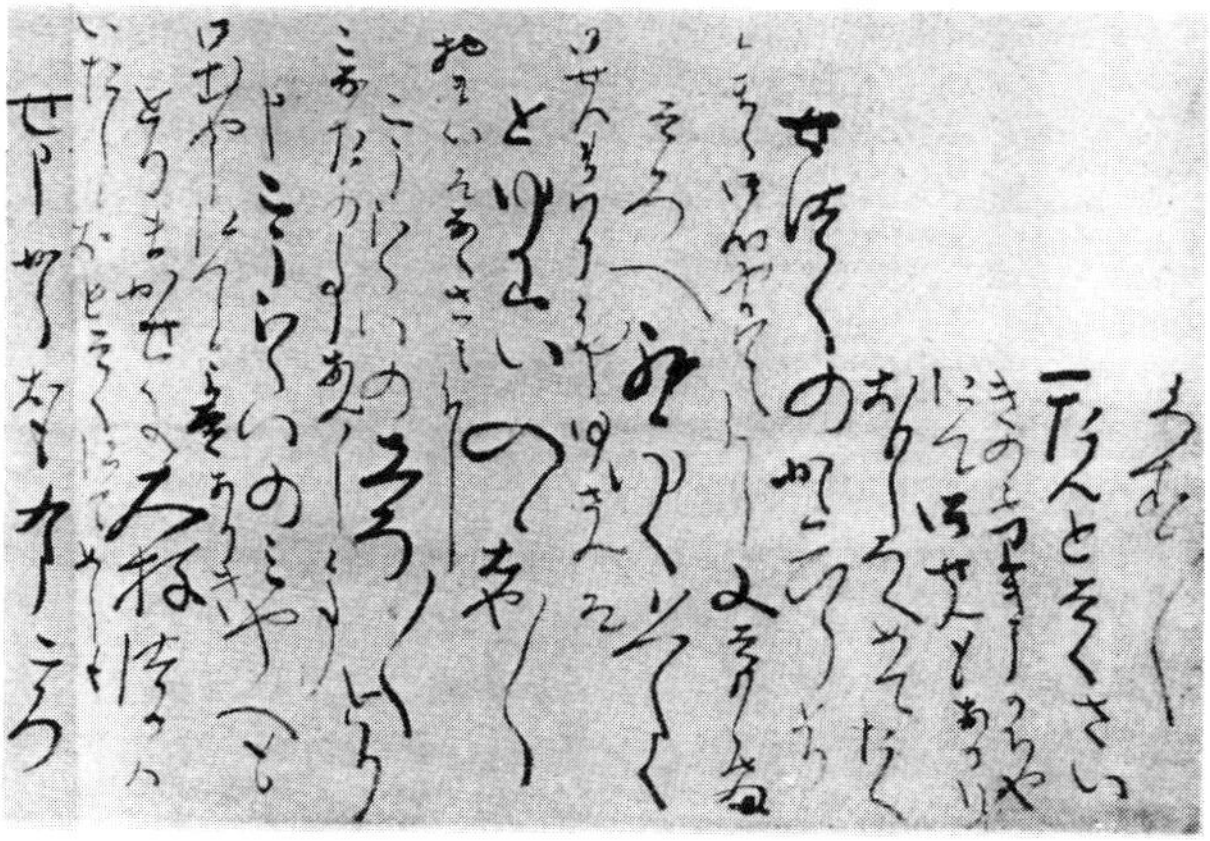

〔手紙番号⑳〕上野精一氏所蔵（『豊大閤真蹟集』より）

〔手紙番号⑳〕（『豊大閤真蹟集』より）

かへす〳〵、一たんとそくさい、きのふりきう（利休）のちや（の茶）にて御せんもあかり、おもしろくめてたく候まゝ、御心やすく候へく候、又そもしさま、御せんまいり候や、ゆさん候て、物まい（り脱カ）候て、なくさミ候へく候、こなたの事、あんし候事、御むやうにて候、よそありきいたし候ほと、そくにて、めしも一たんとたへ申候、

せつくのかたひらとりそろへ給候、ゆく久しくとゆわい入候、はや〳〵こうらいのしろ〳〵とり申、こうらいのミや（ご脱カ）へも、とりまかせに、人数つかハせ申、から（唐）おも、九月ころにハとり可レ申、九月のせつく

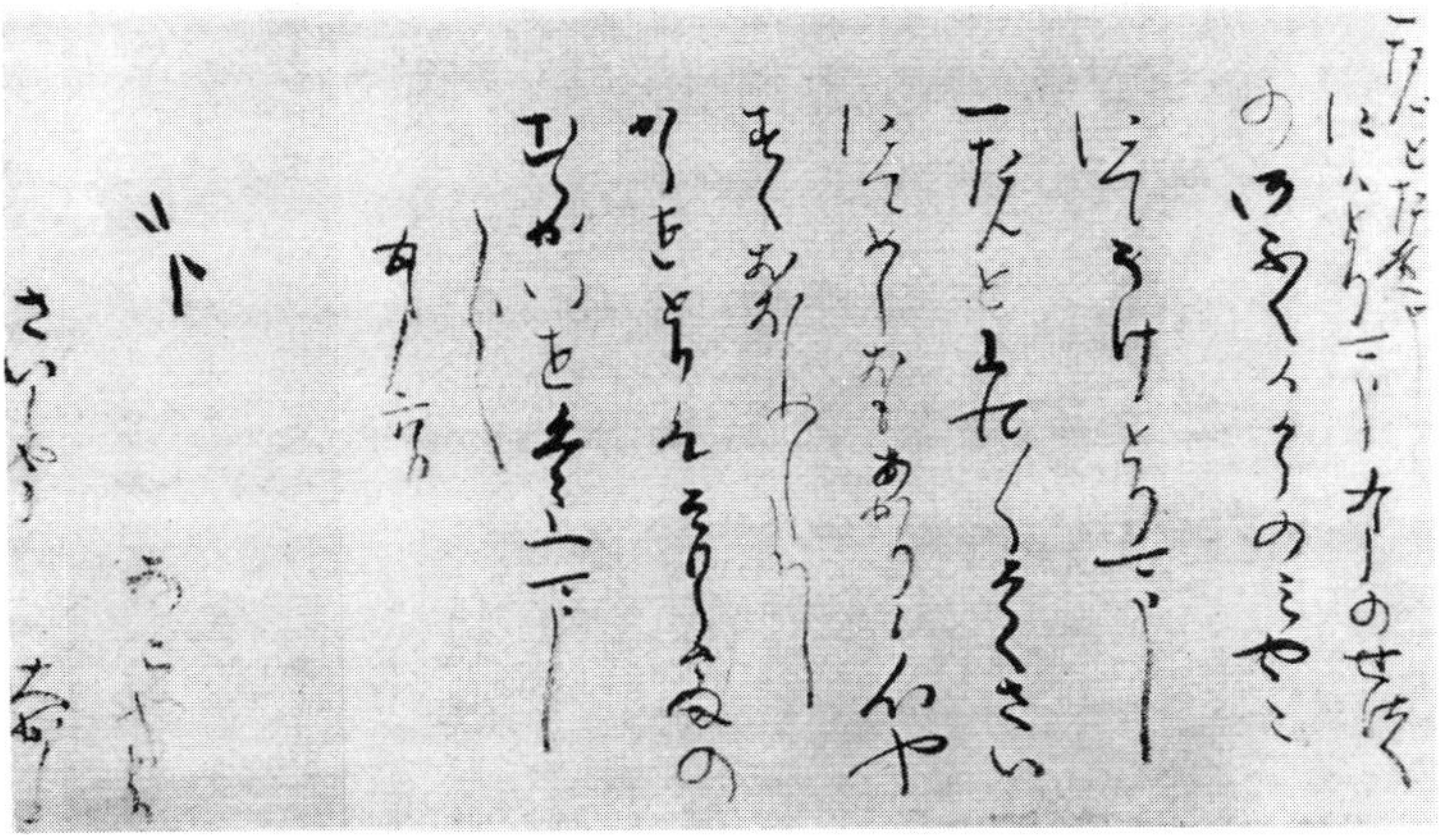

の御ふくハ、からのミやこにて、うけとり可レ申候、
一たんとわれ〳〵そくさいにて、めしおもあかり候、
心やすくおほしめし候へく候、からをとり候て、そ
もしさまのむかいを、参上可レ申候、かしく、

（文禄元年）
五月六日

（墨引）　なこやより

（宰相）
さいしやう　大かう

侍女に名をかりて、結局、大政所に与えた手紙ということになります。

「せつくのかたひら……」という所が本文で、ここから、読み始めます。大政所から五月の節句の祝儀として、帷子(かたびら)を送って来た礼状です。「唐(から)の国を九月ごろまでには取り、九月の節句の御服は、唐の都で受けとりたい。自分は一段と息災で、飯(めし)もしっかり食べているので安心されよ」、と言っております。

また、返し書(がき)の方ですが、文中に、「昨日(きのう)、利休の茶にて御膳もあがり、めでたいので、ご心配はいりません」、と書いています。ここに、千利休が出てきますが、利休は、すでに前年、天正十九(一五九一)年二月二十八日、秀吉の命令で堺で自刃しています。ですから、ここに出てくる利休をどう解釈したらよいのでしょうか。

この問題について、桑田忠親さんは、「利休流のお茶で秀吉が御飯を頂いたという意味で、このことは、利休の死後も、利休好みの茶事が天下を風靡していた証拠である」(『太閤の手紙』)と、述べられておりますが、わたくしも、同感するところです。

秀吉は、続けて、「そもじ(あなた)さまは、御飯を召し上がっていますか。遊山(ゆさん)や物詣(ものもうで)などをして、慰めて下さい。わたくしのことを、心配することは、御無用です。よそあるき(これは陣中の見廻りでしょう)をしておりますので、飯(めし)も一段と食べています」、と言っています。一通の手紙にも、親に心配をかけまいとする秀吉の気持ちが、溢(あふ)れ出ているように思います。

次に、秀吉が嫡男鶴松に与えた手紙を読んでみましょう。「手紙番号㉑」（二〇六～二〇八ページ）の文書です。

本文で、「お手紙かたじけない。ばいしょう（梅松という役者であろう）を召し寄せて、乱舞をやっているとのこと、めでたい。自分もそちらに出かけるので、しかと稽古（けいこ）をしておくように」、と言い、返し書で、「お手紙ありがとう。二人のお母さん（鶴松の生母淀殿と秀吉の正室おね）に言伝（づ）てします」と言っています。

鶴松に与えた手紙は、この文書が知られているだけです。

秀吉の嫡男鶴松が生まれたのは、天正十七（一五八九）年五月二十七日、生母は側室の淀殿。時に秀吉五十歳でした。ところが、鶴松は、同十九年八月五日、わずか三歳で夭折してしまいます。秀吉は翌日、京都の東福寺で髻（もとどり）を切りましたが、その無念さは、想像以上のものがあったことでしょう。

その愛児が元気なころに与えた返事の手紙ですが、三歳にも満たない子供に手紙が書けるわけがありません。おそらく、淀殿が秀吉に鶴松の近況を知らせたことで、秀吉が鶴松に返事を書くという形にして、淀殿に与えた手紙と理解してよいでしょう。

そのように考えますと、この手紙の中に、「両人の御かゝさま」とあるのに、注目しなければならないでしょう。わたくしも、淀殿とおね（北政所）が協力して、愛児の養育に尽力している、と解釈したいところです。ところが、鶴松の名をかりて、実際は淀殿に与えた手紙である、と考えますと、

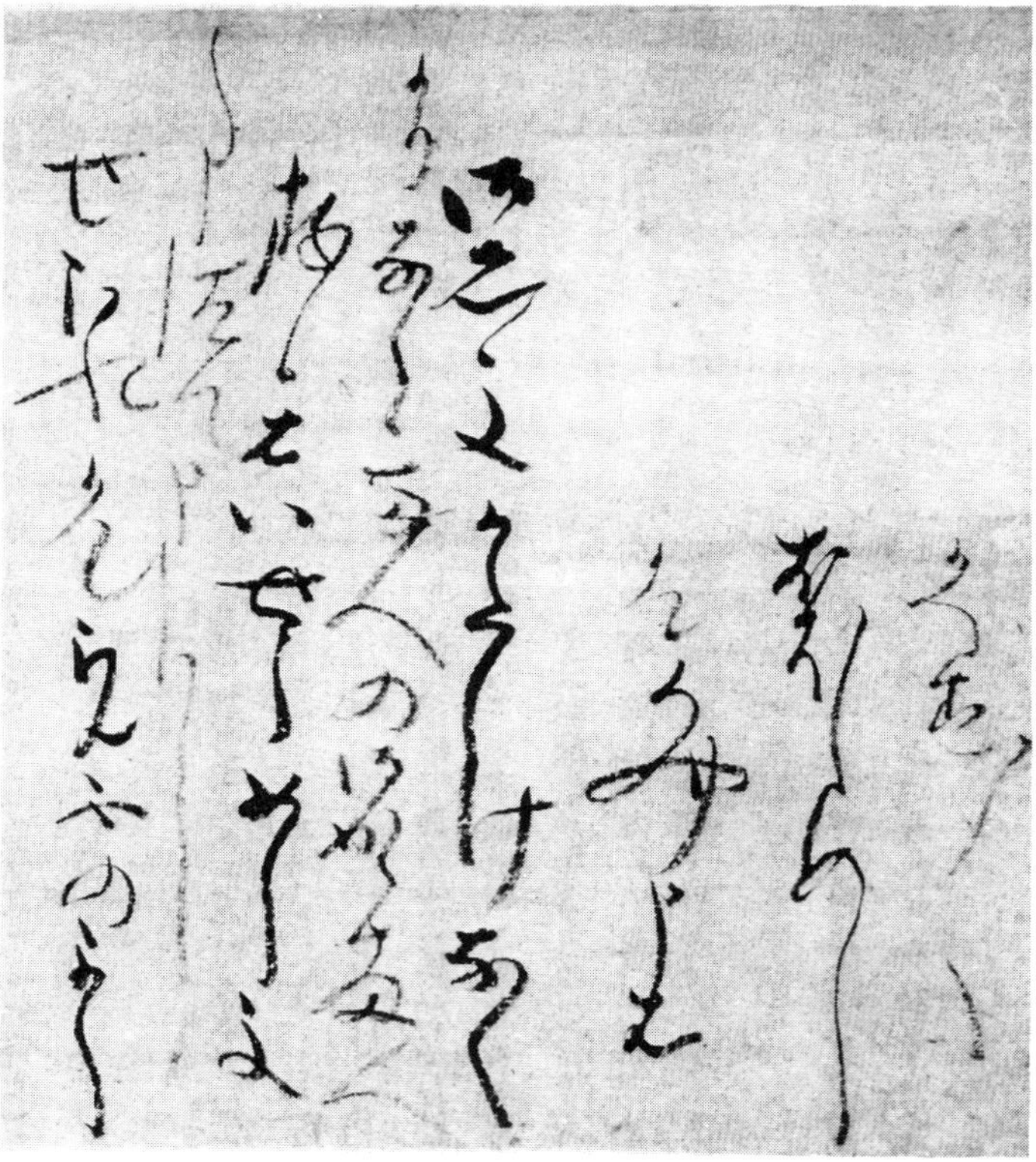

〔手紙番号㉑〕寺村助右衛門氏所蔵（『豊大閤真蹟集』より）

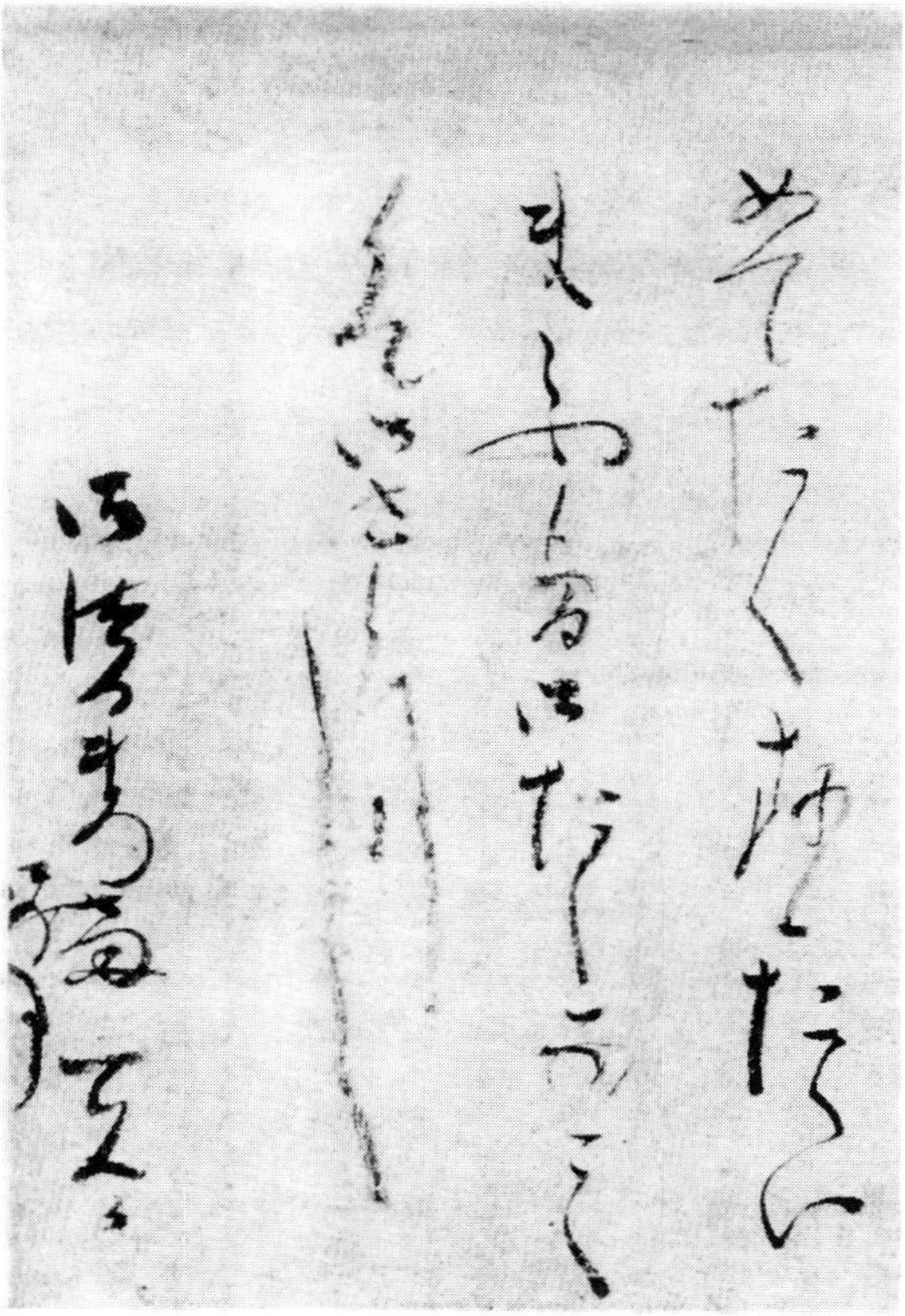

〔手紙番号㉑〕（『豊大閤真蹟集』より）

かへす〴〵、
おほしめし
候て、文中は
かりなく候、両人の御か丶さまへ
事つて申候へく候、
御しよかたしけなく
存候、はいせうめしよ
せられ候て、らんふ（乱舞）のよし
めてたく存候、た丶い
ま参候間、御たしなミ
候て、御さ候へく候、
かしく、
御つるまつ（鶴松）さま　てんか
御返事

むしろ、秀吉の子をはじめて授り、少々、いい気になっている淀殿に対して、おねも母親なのだ、と秀吉がたしなめているような気がしてなりません。この二人の女性の間には、協調よりも、むしろ緊張感が依然として存在していたのだ、と思わざるを得ません。

しかし、おねは、非常に賢明な女性であったと考えられますから、両者の対立は表面化することがなかったのでしょう。近ごろのわたくしは、このように、理解しています。

次に、秀吉が次男の秀頼に与えた手紙を読んでみましょう。「手紙番号㉒」（二一〇～二一二ページ）の文書です。

秀吉から秀頼に与えた手紙は、すでに、第三章の「手紙番号③」（三四～三五ページ）の文書で読んでみました。

さて、ここで読む手紙は、あて名に「秀さま」とあります。この「秀さま」は「秀頼さま」ということです。秀頼はいうまでもなく、文禄二（一五九三）年八月三日、秀吉の次男として誕生しました。幼名は、「ひろい（拾）」といいました。慶長元（一五九六）年十二月十七日、元服して秀頼と名乗りますから、この年号のない五月三日付の文書は、慶長二年か、秀吉の死んだ慶長三年の文書ということになります。

この二年間の五月の段階で、秀吉が秀頼のいる大坂城へ帰ったのは、慶長二年ですから、この手紙の日付は、慶長二年五月三日、と推定できます。秀吉の死ぬ一年三か月ほど前の手紙ということにな

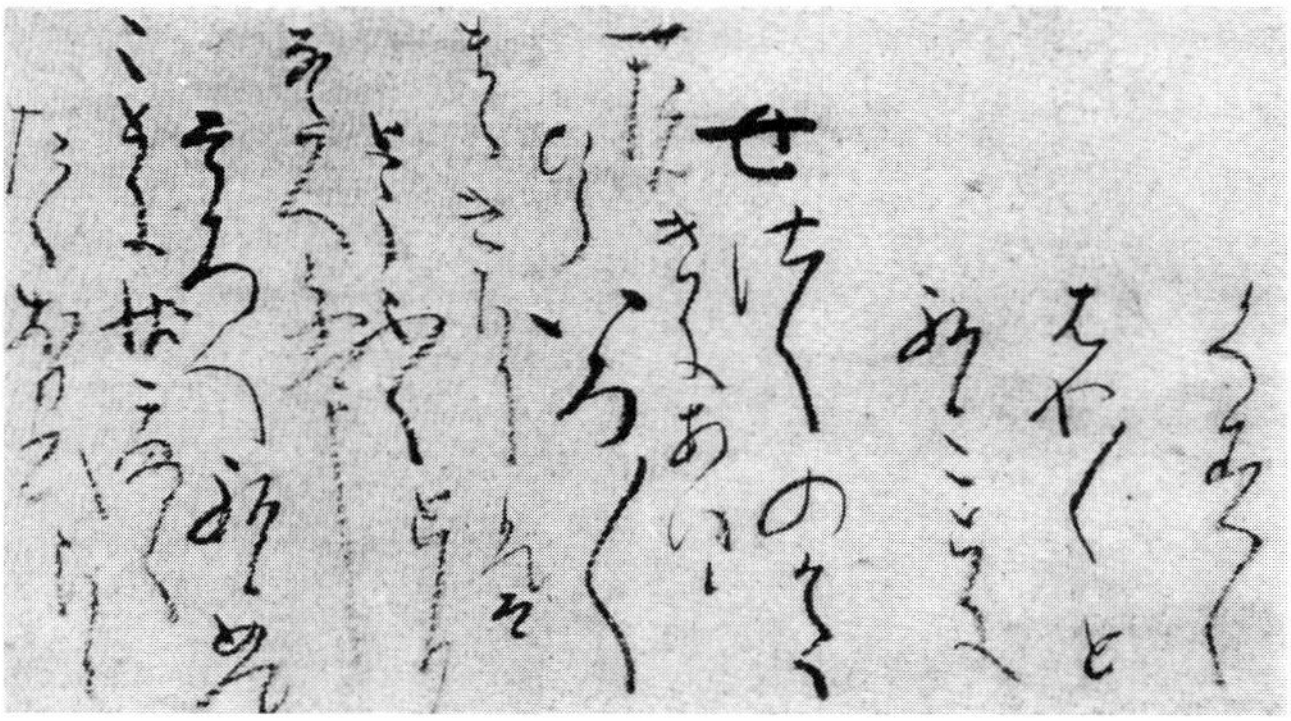

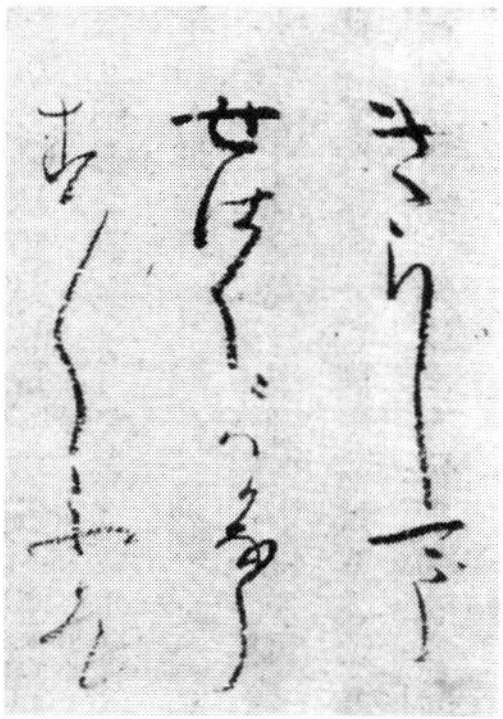

〔手紙番号㉒〕蜂須賀正氏所蔵（『豊大閤真蹟集』より）

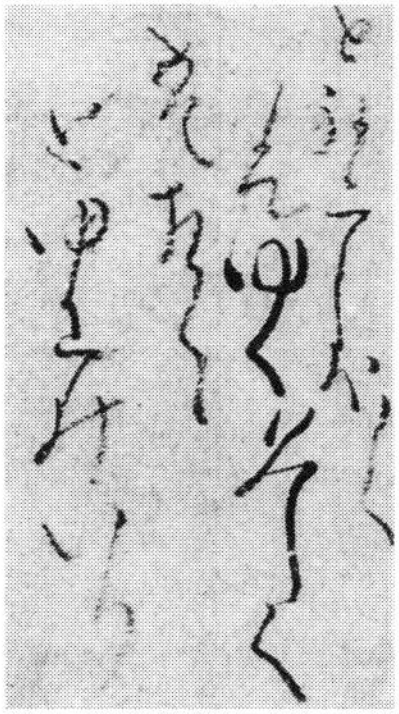

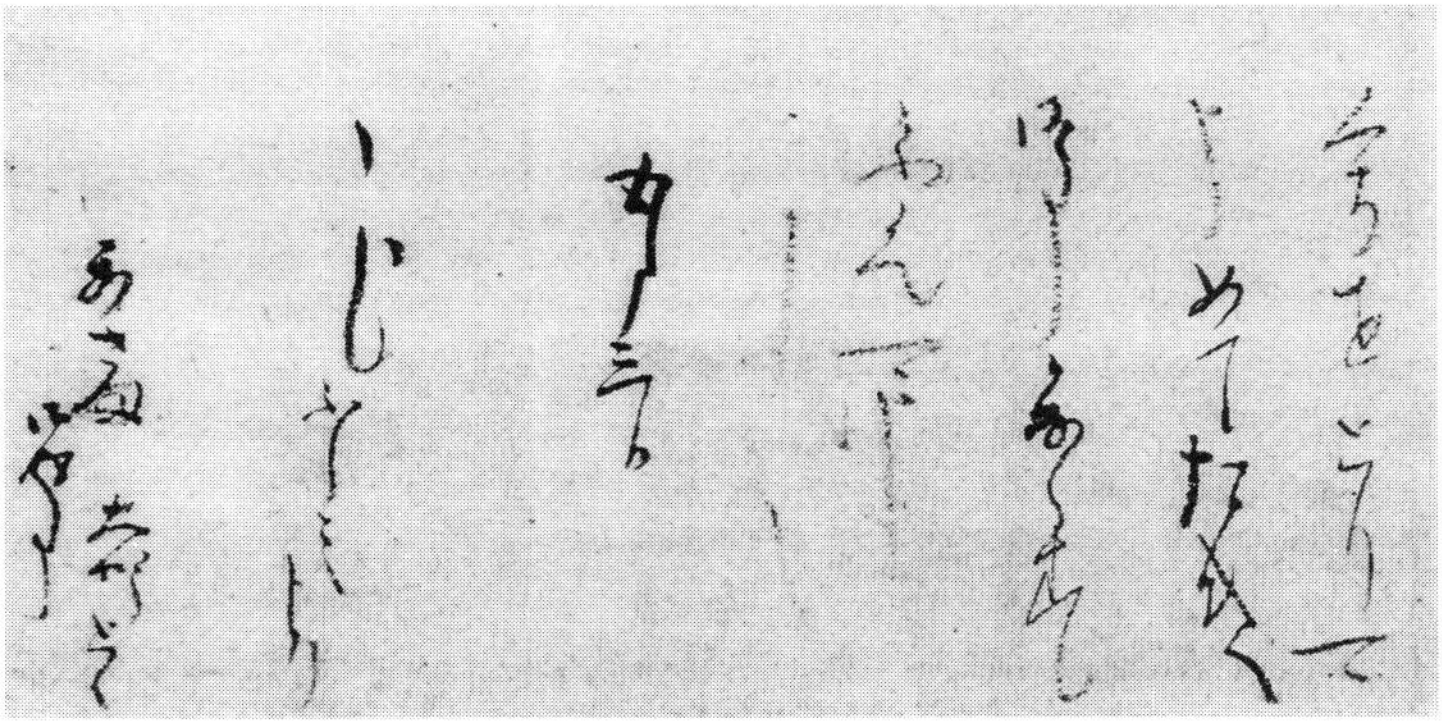

〔手紙番号㉒〕（『豊大閤真蹟集』より）

かへす〴〵、はや〴〵と給候、
ことに一たんきにあい候まゝ、
きまいらせ候て、そなたへ参
可レ申候、ことに状こま〴〵と
給候、一しほ〴〵めてたく候、
せつくのかたひら、いろ〴〵とうふ
くとりそろへ給候、めてたくおもひ
まいらせ候て、ゆく久しくと、ゆわ
ゐいり、きまいらせ可レ申候、せつ
くニハ、かならす〴〵参候て、くち
をとり可レ申候、めてたき御事、か
ならす参候て、可レ申候、かしく、
（慶長二年）五月三日
（墨引）　ふしミより
秀さま　大かうと、
御返事

ります。

この年の五月四日、京都の伏見城の天守閣が出来上がり、秀吉はここに入ります。二日後の六日、秀吉は、秀頼のいる大坂城に出かけ、同月の十四日には、秀頼が伏見城に移って、秀吉と起居を共にするようになります。ですから、この文書は、秀吉と秀頼が伏見城で同居する直前の文書ということになります。

秀吉は、本文で、「五月の節句の祝儀をいろいろといただいた。五月五日には、必ずそちらに伺って、キッスをしてあげよう」と述べ、返し書で、「そなたからの贈り物である服をきて、そちらに出かけよう」、と言っています。死ぬ前の年、五歳の秀頼に与えた手紙、その署名には、「大かうと、（大閤父）」とあります。

終わりに、もう一通読んでみましょう。「手紙番号㉓」（二一四〜二一六ページ）の文書です。十二月十一日付で、かつて信長の側室であった小倉鍋と、「おく」という二人の女性にあてたもので、署名には、ただ「大」とあります。これは、密書ですから、「大かう」をこのように、略しているわけです。

本文では、「孝蔵主（おねの侍女）方への手紙を見ると、一段とあわれにおもったので、迎えをつかわします。いい機会ですから、西の丸のお御（秀吉の側室京極氏）を連れて、急いで来なさい。この手紙は、かの天の邪鬼どもにも隠して書いて、出している。おねにも隠して出している。こちらに来

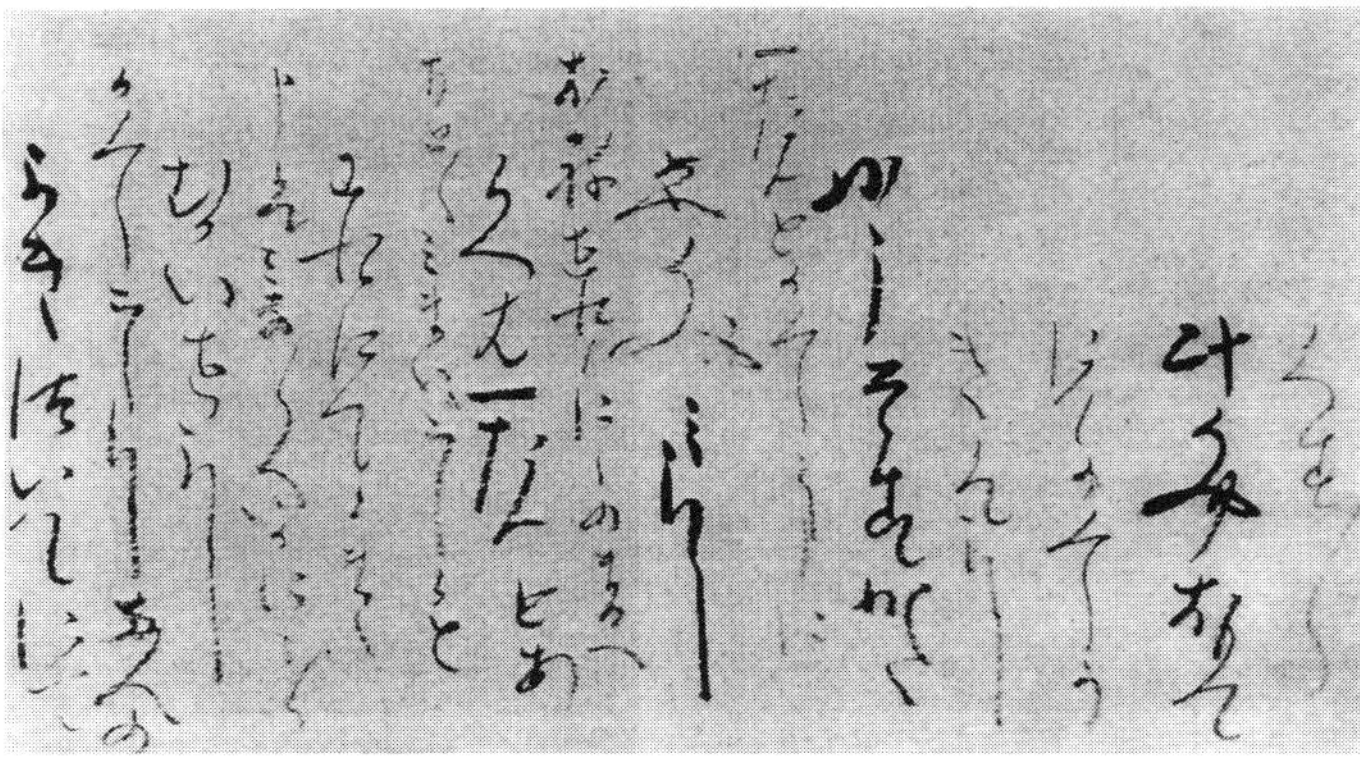

〔手紙番号㉓〕益田孝氏所蔵（『豊太閤真蹟集』より）

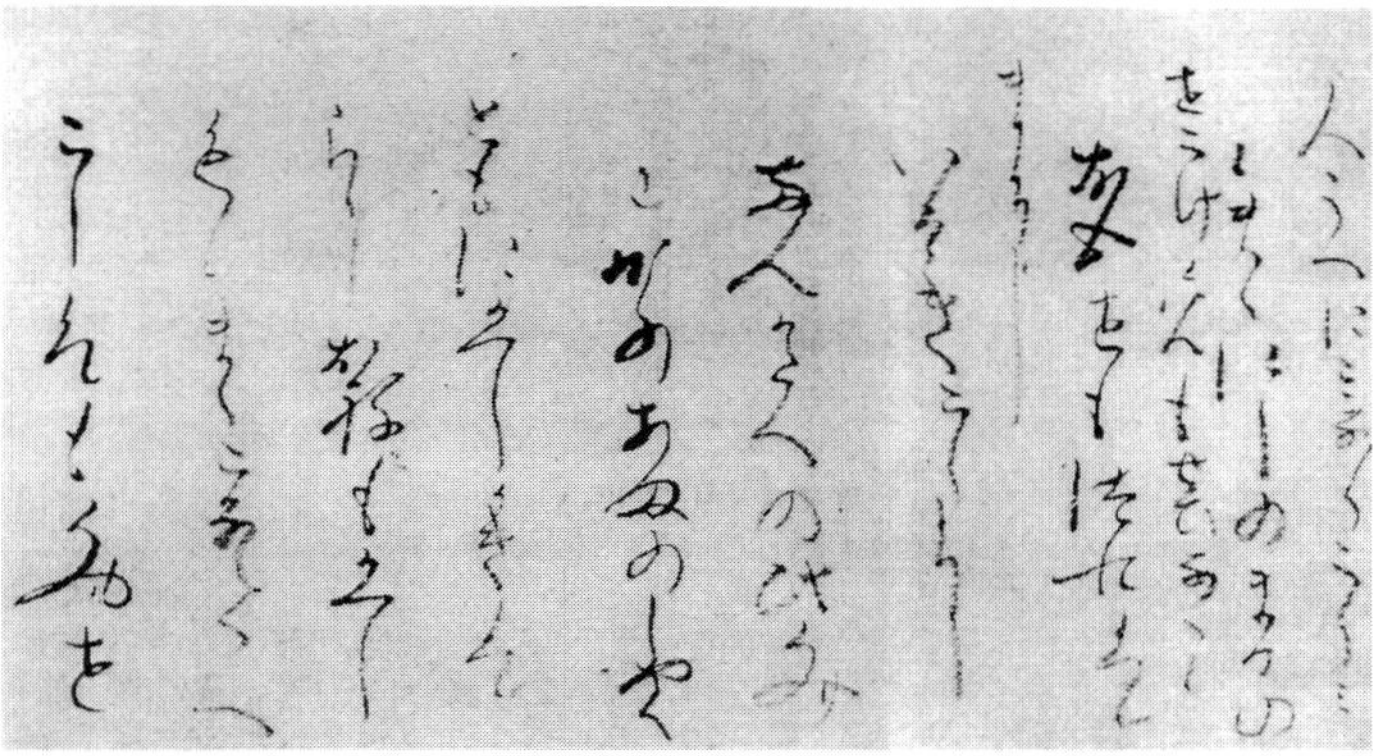

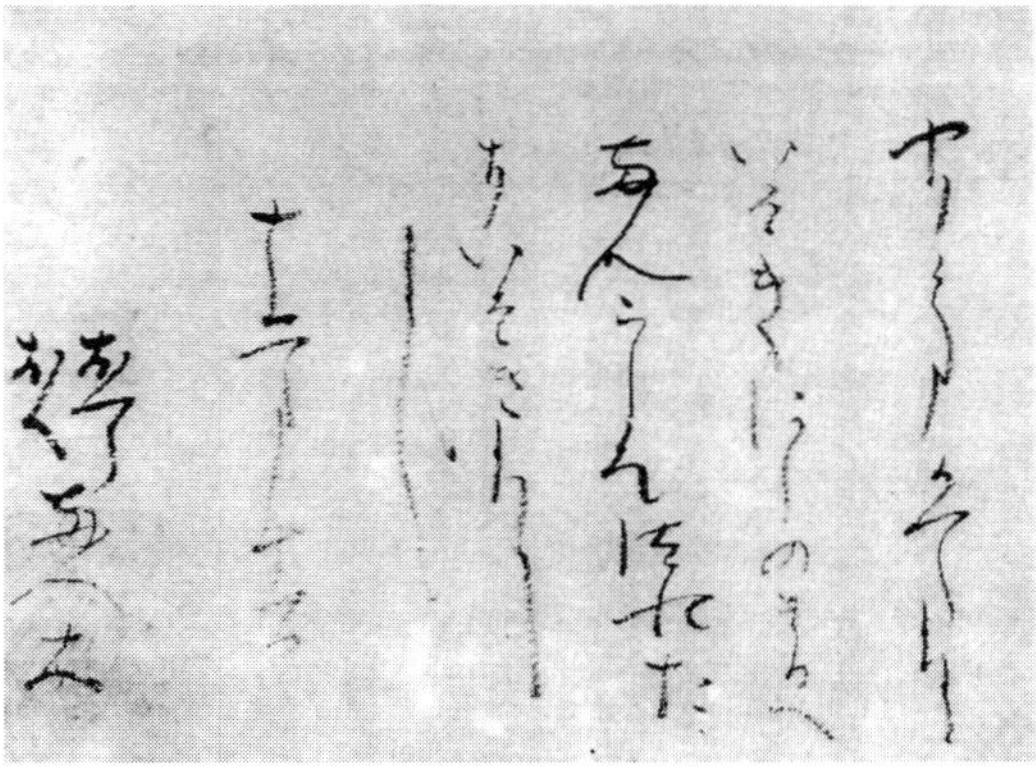

〔手紙番号㉓〕（『豊大閤真蹟集』より）

かへすく、此文おもてにてかくしかき候て、まいらせ候、一たんとかくし事に、ほねをれ候、にしのまるへ、ちとくミまい（ニ）こし候と申候て、ミなくへいかにもくかくしこし候へく候、両人の人うへにミなくうらミをうけ候ハんも、せひなく候、まち申候、

かうそうす（孝蔵主）かたゑ文ミまいらせ候へは、一たんとあわれにて候まゝ、むかいをまいらせ候、よきついてにて候まゝ、にしのまるのお五をもつれ候て、いそきこし候へく候、両人かたへの此文わ、かのあまのしやくともに、かくしかき候て、まいらせ候、おね（ニ）もかくし進候まゝ、こなたへこし候ても、文をやり候事、かくし候へく候、いそきにしのまるへ両人こし候て、つれたちいそき候へく候、かしく、

十二月十一日　　大

おくら（小倉）
両人

おく

ても、手紙をやったことは、隠しておくように」、と述べ、返し書では、「とにかく隠して、京極氏を連れて来なさい」、と言っています。

何か豊臣家の大奥の中で、トラブルがあったようですが、その相談のついでに、秀吉の側室である京極氏をつれて来て欲しい。おねにも隠して……、と言っております。大体、文禄三（一五九四）年ごろの手紙と思われますが、秀吉の文書の内容としては、珍しいものでしょう。

ところで、秀吉の女性関係につきましては、一般的に、「女誑（たらし）」ですとか、「好色家」といった悪評が高いのですが、実際はどうなのでしょうか。

宣教師ルイス・フロイスなどの秀吉への悪評が、その根拠となっているところがないわけではないでしょう。フロイスの文禄二（一五九三）年の報告書には、秀吉について、次のように書かれています。

「（老）関白は、極度に淫蕩（いんとう）で、悪徳に汚れ、獣欲に耽溺しており、二百名以上の女を宮殿の奥深くに囲っていたが、（さらに）都と堺の町人と役人たちの未婚の娘、および未亡人をすべて連行して来るように命じた。そして容姿の美しい者は、ほとんど残らず（老関白の許に）連行された。時に、この哀れむべき暴君は、すでに六十の齢（よわい）を過ぎていた。しかも彼は、（連行されて来た）女たちをすべて城に留めておくのではなく、一日か二日経てば彼女らの家に帰らせ、そのうちひどく気に召した者だけを、長らく引き留めておいた。」（松田毅一氏・川崎桃太氏訳『フロイス日本史

2』、中央公論社）

文禄二年といいますと、秀吉は西洋流でいうと、満五十六歳ですが、相当に老けこんでいたのでしょうか。「六十歳の齢を過ぎていた」などと書かれております。また、報告書の内容も、秀吉がこのようなことをやったとは思われません。

高柳光壽さんは、漫画家の清水崑さんと、秀吉について対談をされたときに、清水さんの、「秀吉はひどく女が好きだったんでしょう。漁色家というか……」、という質問に答えられて、「特別ではないと思います。ただ秀吉で面白いのは、お妾さんがみな名家の出だということです。だから出来心でひっぱってくるんじゃない。初めから、どこの娘を貰おう、という計画を立てているのです。……筋の正しい子供をつくろうというわけですね。子供をつくるということが目的らしいのです」、と発言されています（『戦国対談』春秋社）。

秀吉の側室には、十数人が知られています。出身のわかっている人には、淀殿（浅井長政の女）・加賀殿（前田利家の女）・松丸殿（京極高吉の女）・三条殿（蒲生賢秀の女）・三丸殿（信長の女）・姫路殿（信長の弟信包の女）などがいます。いずれも名門の女性です。

ところで、筋の正しい子を作る、ということであるならば、秀吉は一男性として最も基本的な願望を表現したことになるでしょう。

これらの女性たちに与えた秀吉自筆の手紙を読んでみれば、秀吉がそれぞれの女性の人格を認め、誠意をもって交際していた事実を知ることができます。数人の側室を持つことが、当然であった当時の風習を考えますと、秀吉を「女誑（おんなたらし）」などと簡単に評することはできません。

フロイスの言うように、秀吉が町人の女性を呼びよせた、などとは考えられません。二百名以上云々と言っていますが、侍女の数も含んでいるのでしょう。フロイスは聖職者で結婚できませんから、秀吉の女性関係には、当然、偏見を持っていたのではないでしょうか。

フロイスと交友のあった宣教師のヴァリニャーノ(42)は、フロイスを評して、「大いに慎重さに欠け、イエズス会外部の者との対話の際に、警戒すべき人に対しても口が軽く、誇張癖があり、小心者で些事（さじ）にこだわり、中庸を保ちえない」、とも、「生まれつき、さまざまの事柄を、こまごまと書き記すのであったが、言われていることのすべてが、真実であるかどうかを吟味することにおいても、また、書かれるに適当であるかどうかを選択することにおいても、彼はあまり慎重でない」、と酷評しています（松田毅一氏、E・ヨリッセン氏著『フロイスの日本覚書』中公新書）。

フロイスの報告書は、注意して読んでいかなくてはならない、ということを述べ、少々、秀吉の女性関係を弁護しました。

第二十章　最後の手紙

さて、いよいよ、秀吉の最後の手紙を読む段階に来ました。

ここで、秀吉の晩年について考えてみましょう。一般的には、この時期の秀吉について、良いことを言っているものが、ほとんどありません。晩年に心身共に衰えたという秀吉像には、あまり賛同することは、できません。

たとえば、天正十九（一五九一）年八月五日、嫡子の鶴松が、わずか三歳で夭死（ようし）しますが、このショックからぬけ出せずに、秀吉が朝鮮への侵略を強行した。これは、今でいうと、反応性うつ病である、と評している方もいます。

そこで、文書の方から、秀吉が大陸への出兵の最初の意志表示をした時期を、見てみますと、鶴松の死より六年も前の、天正十三（一五八五）年九月三日のことでした。まさに、秀吉が関白に任官して、二か月後のことです。秀吉の体力・気力が共に充実していた時期とみてよいでしょう。といいますのは、『伊与一柳文書』の中にある、同日付の秀吉朱印状の写に、「秀吉、日本国の事は申すに及ばず、唐（から）の国迄、仰せ付けられ候心に候か」、とあるからです（岩沢愿彦氏「秀吉の唐入りに関する文書」

「日本歴史」一六三号、昭和三十七年、吉川弘文館）。

また、豊臣秀次に仕えていた駒井重勝（43）の日記『駒井日記』の、文禄三（一五九四）年四月十七日の条に、「大閤様（秀吉）が少々ご気分が悪く、無意識のうちに、小便をたれさせられたそうだ」、とありますので、秀吉も相当に弱っていたと、考える方もいます。この翌年には、秀次が秀吉に殺されますから、一層、その感を深くされる方もいるでしょうが、秀吉は、すでに健康を取り戻していました。この秀次事件も、単に秀吉の状況判断のミスによって、行われたものではないでしょう。この問題は、確かに秀吉の愛児秀頼に対する愛情から起こったものですが、秀次の方にも欠点がなかったわけではありません。

そこで、一つ文書を取り上げてみます。秀吉は、慶長三（一五九八）年八月十八日、数え年六十二歳で亡くなりますが、現存する最後の秀吉の自筆の手紙を、読んでみましょう。「手紙番号㉔」（二二二〜二二四ページ）の文書です。

この文書の日付は、六月十七日ですが、あて名のところに、別筆で、「慶長三年六月十七日」と書いてあります。恐らく秀吉からこの手紙をもらった「五もじ」という女性の書いたものでしょう。すると、この手紙は、秀吉の死のちょうど二か月前のものということになります。

秀吉は、本文で、「その方の病気が心配なので、一筆申します。自分も十日か五日の間、飯を食べられないので、迷惑している。昨日、気慰みに普請場へ出てから、一層、病が重くなったようで、い

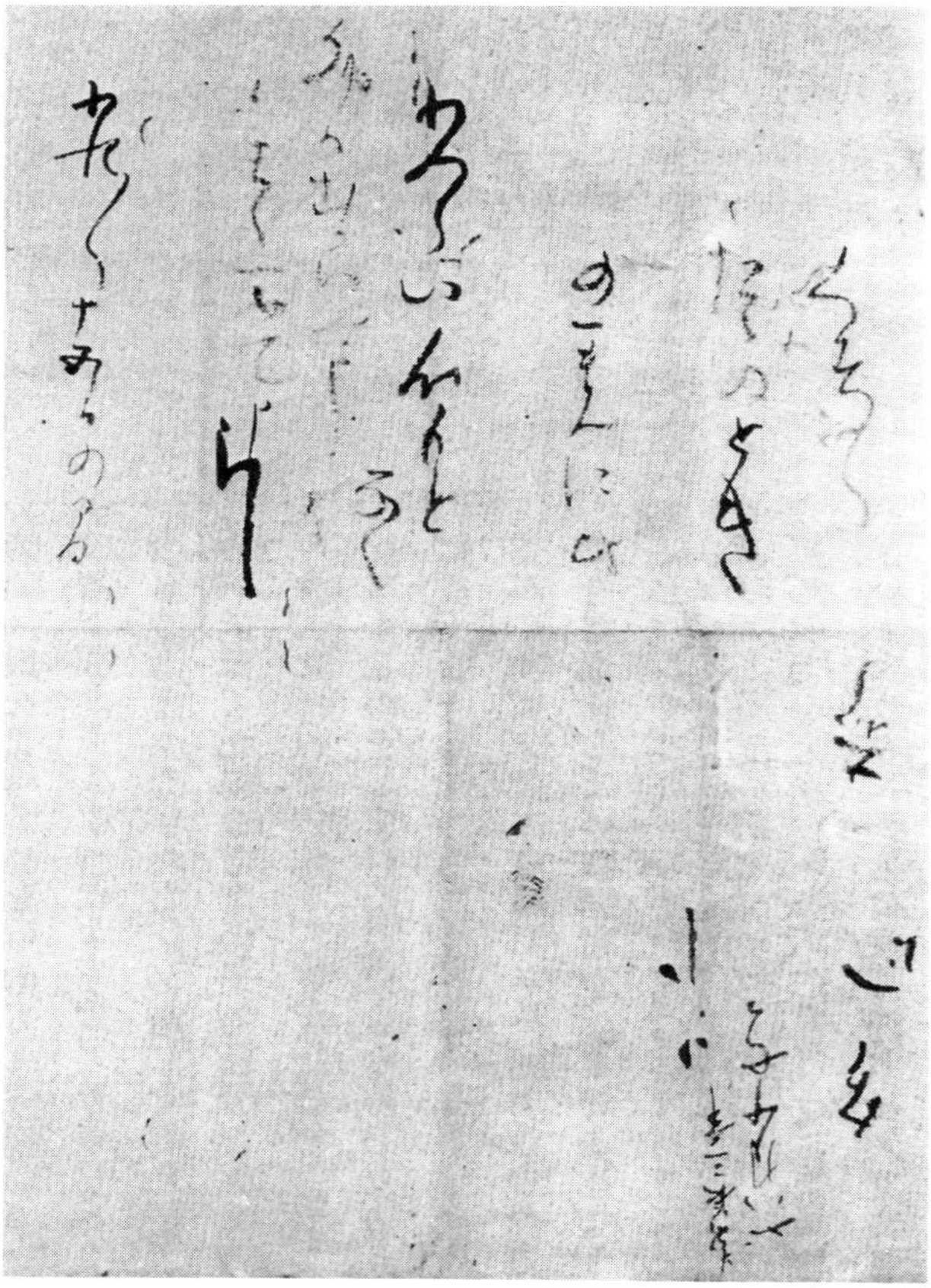

〔手紙番号㉔〕多田厚隆氏所蔵（『豊大閤真蹟集』より）

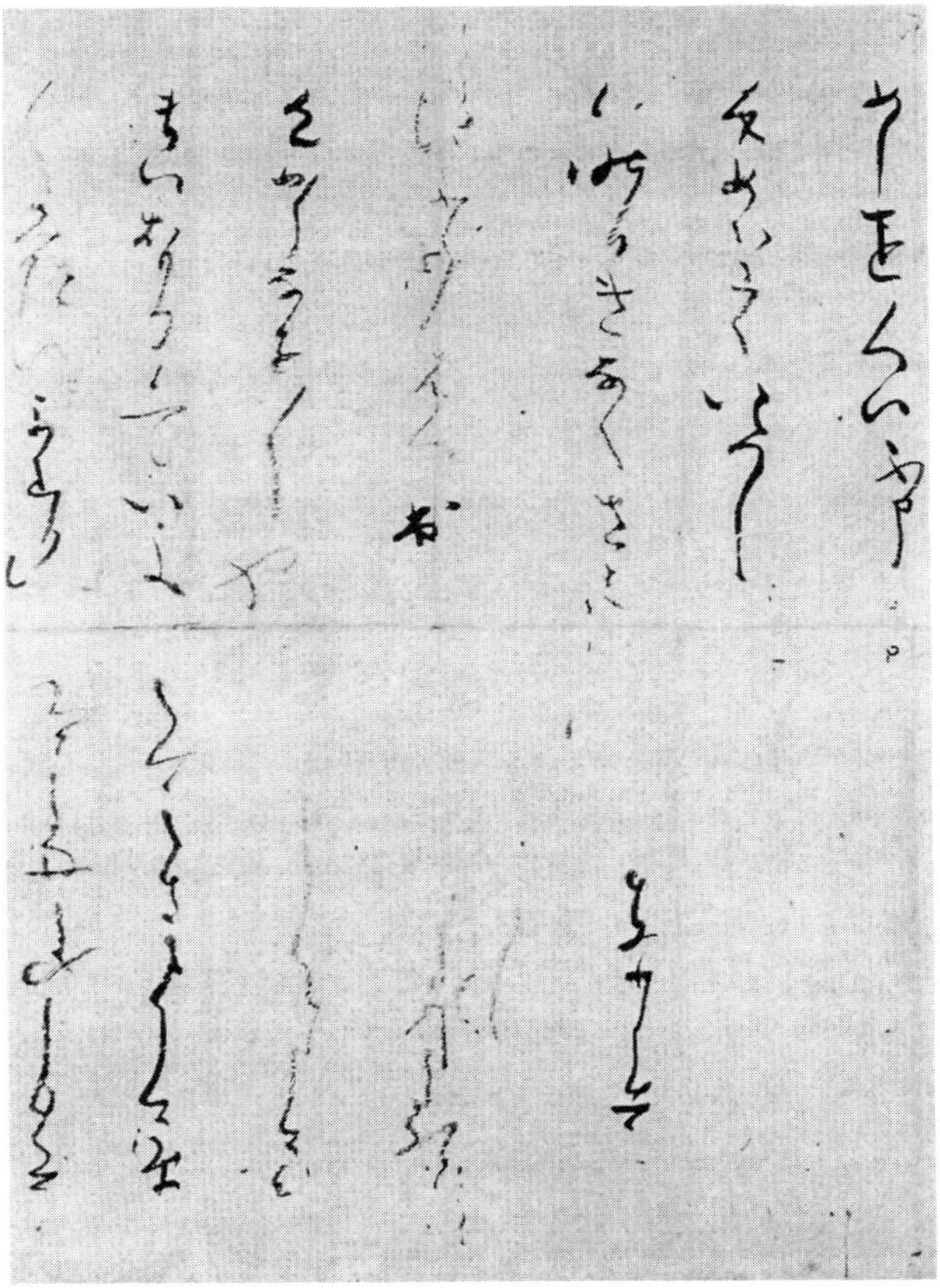

〔手紙番号㉔〕（『豊大閤真蹟集』より）

かへす〳〵、たゝのときの一まんに、此
文ハむかい可レ申候、かしく、
わつらい心もとなく候まゝ、一ふて申まいら
せ候、われ〳〵十五日の間、めしをくい不レ申
候て、めいわくいたし候、昨日きなくさミに、
ふしんはへ出候てから、なを〳〵やまいおも
り候て、いよ〳〵したいニよわり候、そもし
やうせう候て、すこしもよく候ハヽ、御こし
候へく候、待申候、かしく、
六月十七日
（別筆）「慶長三年六月十七日」
（墨引）
五もしへ　　大かう
まいる

よいよ、次第に弱くなっている。お前も養生して、少しでもよくなったら、御越しなされよ。待っているぞ」、と述べ、返し書で、「この手紙は、元気なときの一万通分を書くつもりで書いている」、と言っています。

すでに、自分の死を、静かに諦観（ていかん）している秀吉です。写真で筆蹟を見てみますと、何日も食事をしていない秀吉といったことなどを、全く感じさせずに、しかも、手に震（ふる）えなどは少しもなく、あの見事な秀吉の文字で書かれています。もちろん、全盛期の秀吉に比べれば、その筆力はやや落ちるかも知れませんが、病気が進んで、死を目前にしている秀吉が、このような手紙を書いているのを見てみますと、わたくしは、やはり、さすがに秀吉である、という感情をどうすることもできません。

あの有名な、「つゆとをち　つゆときへにし　わかみかな　なにわの事も　ゆめの又ゆめ」、つまり、露のように落ち、露のように消えてしまった我が身であることよ、難波（なにわ）、つまり、秀吉の生涯の本拠地であった大坂城のことです。あの難波でのことも、すべて夢のまた夢である、という秀吉の堂々たる辞世の和歌も、ここで読みました現存する最後の秀吉の手紙と、同一線上にあるのだ、とわたくしは、考えているわけです。

なお、原本は残っていませんが、死の十三日前の、秀吉の八月五日付の遺言状の写が残っています（『毛利家文書』）。五大老（徳川家康・前田利家・毛利輝元・上杉景勝・宇喜多秀家）にあて、秀頼の養育を依頼し、「なに事も此ほかにわ、おもひのこす事なく候、……なごりおしく候」、と言っています。

正しく英雄の最期といってよいでしょう。

第二十一章　豊国のまつり

慶長三（一五九八）年八月十八日、秀吉は没しましたが、その死は、翌年正月までは公表されませんでした。

同四年四月十七日になって、山城阿弥陀ヶ峰の仮殿に祀（まつ）られている秀吉に、「豊国大明神」の神号が授けられました。豊国社の誕生です。

一方、京都の民衆は、秀吉の回忌の祭りに参加し、豊国社に集（つど）いました。特に、七回忌にあたる慶長九（一六〇四）年八月の祭りは盛大で、将軍家康も秀頼と共に、臨時祭に参加し、民衆も共に乱舞しました。『豊国祭礼図屛風（ほうこくさいれいずびょうぶ）』がその盛儀を伝えています。

しかし、十三回忌にあたる同十五年八月の祭りは、行われましたが、元和元（一六一五）年、豊臣氏が滅亡すると、家康は豊国社の社領地を没収し、次第に秀吉礼賛を規制するようになります。幕府の政策によって、秀吉の実像は、次第に理解できないように、時代が進んでいきました。

明治になって、近代史学が興りますが、秀吉についても、未研究の部分が多いのではないでしょうか。

この問題を開く道は、やはり、信頼のおける史料によって、秀吉を見つめてみることが必要でしょう。

秀吉の自筆文書約百二十点、右筆文書約一万点の中から、まことにわずかな点数にすぎませんが、紙面の許す範囲で、読んでみました。何か新しい秀吉像に、少しでも近づくことができれば、幸せに思うものであります。

（完）

注

（1）**太田牛一**（一五二七―一六一〇？）戦国～江戸時代前期の武士・軍記作者。はじめ織田信長に仕え、弓衆を務めた。信長の死後は丹羽長秀に仕えるようになり、右筆となった。長秀没後は一時秀吉に仕えたが、まもなく隠退して軍記の述作に専念した。『信長公記』の他『大かうさまくんきのうち』『関原御合戦双紙』『太田和泉守覚書』『今度之公家双紙』など多数の著作がある。

（2）**小瀬甫庵**（一五六四―一六四〇）安土桃山時代・江戸時代前期の儒学者・儒医。豊臣秀次に仕えたが、秀次の死後、堀尾吉晴に仕え、吉晴の死後、前田利常に仕えた。太田牛一の書いた『信長公記』『大かうさまくんきのうち』を増補改変して読み物化して、それに彼の論評を加えて、『信長記』『太閤記』を著述した。

（3）**竹内確斎**（一七七〇―一八二六）江戸時代の漢詩人・読本作家。儒学を学び、詩文に巧みで、篆刻もするなど幅広い活動をした。『絵本太閤記』以外の岡田玉山との作品には『絵本玉藻譚』『阿也可之譚』がある。

（4）**岡田玉山**（?―一八〇八）江戸時代の画家。はじめ往来物・教訓書・俳書などに挿絵をし、寛政後半より『絵本太平広記』などのいわゆる絵本もの読本、『住吉名勝図会』などの名所図会類の作画がみられる。画家としては『唐土名勝図会』で中国の風景・人物を描いたので著名。

（5）**大村由己**（一五三六？―一五九六）安土桃山時代の軍記作者。初めは僧籍にあったが、これを離れて豊臣秀吉の御伽衆（文化的ブレーン）として仕えた。秀吉の事績を題材にした『天正記』や謡曲、幸若の詞章を書くなどしたが、漢詩、和歌、連歌、聯句、俳諧、狂歌などの作品も残しており、活動は多方面にわたっている。

（6）**山科言継**（一五〇七―一五七九）戦国時代の公家。山科家の中心人物であっただけでなく皇室領の管理・運営にあたり、その経済をささえた。医薬の専門知識もあり、知人や近所の町衆などに診察・投薬を行っている。『言継卿記』は戦国時代史を知る重要史料であり、言継の庶民的な性格が表れている。

（7）**山科言経**（一五四三―一六一一）安土桃山・江戸時代前期の公家。笙・装束に通じており、家伝の医薬にも携わった。『言経卿記』は公家社会の日常を記すだけでなく、漢詩、和歌から医学や薬学にも造詣が深かったことを伝えている。

（8）『**晴豊公記**』勧修寺晴豊は後陽成天皇の伯父にあたり、武家からの願い出を朝廷に伝える役である武家伝奏として公武の橋渡しの役割を担った。このため、この日記は戦国期の室町幕府や戦国大名との交渉などを知るうえで貴重な記述がある。

（9）『**時慶卿記**』日記の内容は、政治・経済・社会・宗教・学問・風俗その他あらゆる方面に及んでおり、安土桃山時代から江戸前期における公家社会の動向を知ることができる。

（10）『**多聞院日記**』諸武将の動向から市井の話題までが詳細に書きとめられており、安土桃山時代の政治・経済・文化・世相が豊富に述べられている。仮名まじり文の記述が多く、微妙な問題もそれだけ正確に伝えられている。

（11）**毛利輝元**（一五五三―一六二五）戦国から江戸時代初期にかけての武将。天正十年、備中国高松城を包囲した秀吉と講和を結んだ。その後は、秀吉の四国・九州制圧に先陣を務めた。近世大名としての毛利家存続の礎を築いた人物。

（12）**吉川経家**（一五四七―一五八一）戦国時代の武将。天正二年父の跡を継ぎ、毛利氏の中国地方制覇に貢献した。同九年因幡鳥取城督に選ばれて入城した。

（13）**宇喜多秀家**（一五七二―一六五五）安土桃山時代の大名。幼少のころ父と死別したが、秀吉の斡旋で織田信長から父の遺領を相続することを許された。四国征討、九州征討、小田原の役に従軍した。のち、豊臣氏の五大老の一員となった。

（14）**『吾妻鏡』**鎌倉幕府の歴史を編年体で記したもので、その当時広く用いられていた和風漢文体で書かれている。公家・武家の日記、文学作品、寺院・神社あるいは武士の家に伝わった古文書など、多くのものが材料として用いられている。

（15）**滝川一益**（一五二五―一五八六）戦国・安土桃山時代の武将。織田信長の家臣で、伊勢長島の一向一揆（天正二年）を平定後に長島城主となった。

（16）**安堵**　幕府や領主などが、支配下の武家・社寺の土地の所有権・知行権を保証し、承認すること。

（17）**佐久間信盛**（一五二七―一五八一）戦国・安土桃山時代の武将。織田信長の戦闘のほとんどに参陣しており、石山本願寺包囲戦では中心的な立場にあった。のち、信長から追放され、病死した。

（18）**松永久秀**（一五一〇?―一五七七）戦国時代の武将。永禄十一年、織田信長の入京に降伏して大和一国を安堵されるが、天正五年信長に大和信貴山城を攻められ、子の久通らと自害した。

(19)**松井友閑**（生没年不詳）安土桃山時代の武将。町人だったのを織田信長が抜擢して家臣になったといわれている。側近として仕え、寺社や諸大名との折衝の役割を果たした。
(20)**殿**　軍隊が退却するとき、最後尾について追ってくる敵の攻撃を防ぐこと。また、その軍隊。
(21)**大久保彦左衛門忠教**（一五六〇―一六三九）江戸時代前期の旗本。徳川三代に仕え、数々の戦功をもっている。『三河物語』には、徳川三代に仕えた誇りと、戦国を生き抜いた武士の気概が感じられる。
(22)**吉川元春**（一五三〇―一五八六）戦国時代の武将。毛利元就の次男。毛利氏の山陰地方制圧に基礎を築いた。元就の死後は、弟の小早川隆景と共に毛利家家督輝元を補佐した。
(23)**浦上宗景**（生没年不詳）室町・戦国時代の武将。播磨、備前、美作に威勢を保った浦上村宗の二男。村宗の死後、兄政宗と不仲になり、備前天神山に住むようになった。
(24)**武井夕庵**（生没年不詳）戦国・安土桃山時代の武将。織田信長に仕え、毛利氏との折衝にあたるなど側近のひとりとして活躍した。信長発給文書の右筆として有名で、二位法印に叙せられている。
(25)**荒木村重**（一五三五―一五八六）戦国時代の武将。伊丹城を領して摂津一国を支配した。織田信長に叛旗をひるがえし、石山本願寺と結んで伊丹城にたて籠ったが、城は陥落し畿内を放浪した。その後、毛利氏分国に逃亡した。
(26)**宇野主水**（生没年不詳）安土桃山時代の本願寺門主であった顕如の右筆。
(27)**宮部善祥坊**（?―一五九九）安土桃山時代の武将。はじめは僧侶であったが、のちに浅井長政に仕えるようになった。その後、秀吉の誘いに応じて織田信長に降り、浅井氏と戦った。秀吉の中国征討に参加して、天正九年因幡鳥取城代になる。

（28）**紹鷗茄子**　室町時代の茶湯者、堺の豪商であった武野紹鷗（一五〇二―一五五五）の所蔵した名品の茶器。

（29）**堀秀政**（一五五三―一五九〇）安土桃山時代の武将。最初は美濃斎藤氏に仕え、その後、信長、秀吉に臣属した。天正元年の越前一向一揆の平定など、数々の戦に参加した。その後、近江長浜城主となり、山崎の戦いでは秀吉の先鋒を務めた。

（30）**江村専斎**（一五六五―一六六四）安土桃山・江戸時代前期の儒医。加藤清正に儒医として仕え、清正の没後は帰洛した。和歌にも通じており、細川幽斎らと交わった。

（31）**近衛前久**（一五三六―一六一二）安土桃山時代の公家。後水尾天皇の外祖に当たる。織田信長の要請により、勅使として本願寺光佐に和睦を勧めたりするなど乱世を生き抜いた公家であった。

（32）**『明良洪範』**　本篇二十五巻・続篇十五巻から成る伝記。真田増誉の編で成立年は未詳。内容は、明君良臣の洪範ともなる佳話を集めたもの。

（33）**佐久間盛政**（一五五四―一五八三）安土桃山時代の武将。織田信長に仕え、北陸征伐戦などで軍功をあげた。天正八年、叔父が信長によって高野山に追放されたため、盛政も閉居した。のちに許されてから、あらためて柴田勝家に仕えた。

（34）**中川清秀**（一五四二―一五八三）安土桃山時代の武将。摂津の池田勝正に仕えたのち、織田信長に仕えるようになった。武田勝頼攻めで戦功をあげ、本能寺の変で信長が殺された後、山崎の戦では秀吉方先鋒隊の二番に編成されて戦功をあげている。

（35）**上杉景勝**（一五五五―一六二三）安土桃山時代から江戸初期にかけての大名。天正十四年大坂城で豊臣秀吉に臣従の礼をとり、翌年越後を統一し、さらに佐渡も領有した。

(36) **織田信雄**（一五五八―一六三〇）安土桃山時代の武将。織田信長の次男。茶人としても知られている。

(37) **北条氏規**（一五四五―一六〇〇）戦国・安土桃山時代の武将。今川氏への人質として駿府（現・静岡市）で少年期を過ごしたとき徳川家康と知り合ったと言われている。

(38) **板部岡融成**（一五三六―一六〇九）はじめは戦国大名北条氏の奉行で、北条氏の滅亡後は秀吉に仕え御伽衆となり、氏を岡野と改めた。秀吉の没後は徳川家康に起用された。

(39) **真田昌幸**（一五四七―一六一一）戦国時代の武将で、信濃国を本拠とした。幼年のとき人質として武田信玄の下にいた。武田氏滅亡後は織田氏に属し、本能寺の変以降は北条・上杉・徳川の間で帰属を変えていった。

(40) **西笑承兌**（一五四八―一六〇七）戦国・安土桃山時代の僧侶。秀吉の信任が厚く、内政・外交文書の草案をつくるなど政治にも関わった。また、秀吉の御伽衆のひとりでもあった。

(41) **ルイス・フロイス**（一五三二―一五九七）戦国・安土桃山期に来日したポルトガル人。日本から帰ったザビエルより強い感銘を受けた。『日本史』『日本総論』『日欧文化比較』などを著した。「イエズス会日本年報」の作者の一人。

(42) **ヴァリニャーノ**（一五三九―一六〇六）イタリア人イエズス会司祭、法学博士。天正七年来日、織田信長と会見して布教を許されて、学校や教会を建設する。

(43) **駒井重勝**（生没年未詳）安土桃山時代の武将。豊臣秀吉に仕えた後に、秀吉の甥秀次の側近となり、右筆としてあるいは財政担当者として仕えた。『駒井日記』には秀次の公私にわたる詳細な記録が見られる。

『秀吉の手紙を読む』をめぐって

鴨川達夫

本書の著者・染谷光廣さんは、一九三九年、千葉県に生まれた。国学院大学で学んだのち、六五年、東京大学史料編纂所に職を得て、大学教員としての生活に入った。八一年に助教授、九六年には教授に昇任。二〇〇〇年、史料編纂所を退職、帝京平成大学教授に転じられた。しかし、それから三年しか経たない〇三年、六四歳で亡くなられた。史料編纂所時代にも体調を崩されたことがあり、後半生は健康の問題に災いされた感が強い。あと少しでも健康と寿命に恵まれていれば、おそらく本格的な研究書をものされたであろう。しかし、現実にはそうはならず、史料編纂所に在職中の五七歳のときに書かれた本書が、染谷さんの代表的な著作となっている。

さて、今回解説の役目を与えられた私にとって、染谷さんは史料編纂所の大先輩に当たる。今から二十数年前、私が史料編纂所に採用されて『大日本史料』第十一編の担当に配属されたとき、染谷さんは隣の第十編の主任担当者をしておられた。「隣の」といっても、少し大きな部屋の一方の端に十編のデスクがあり、もう一方の端に十一編のデスクがあるという関係で、物理的には同室の間柄である。当時の史料編纂所にはまだかなり牧歌的なところがあり、どの部屋でもいわゆる「三時のお茶」が行なわれていた。われわれのところでも、三時になると部屋の両端から中央の共用スペースに集まり、世間話をしながら一息いれたものである。したがって、染谷さんとはほぼ毎日、近い距離で接していた。もっとも、そのお茶の席では、私のすぐ上の先輩方が主に話題を提供し、染谷さんはどちらかといえば聞き役であったように記憶している。ひたすら真面目というお人柄ではなかったから、染谷さんから笑い話を聞かされたこともあったはずだが、残念ながらあまり思い出すことができない。ただし、お茶の席ではなく、仕事のことで質問に行った際に、ハッとさせられた覚えが何度かある。当時の私は文字通りの駆け出しで、勘違いしていたり、そもそも知らなかったりすることが多かった。それを染谷さんは気づかせてくださったわけである。

『大日本史料』第十編の担当者は、織田信長とその周辺を研究して、信長時代の歴史の流れを出版物（これがすなわち『大日本史料』第十編）にまとめ、順次刊行するのが仕事である。ちなみに、第十一編は、豊臣秀吉の時代について、同じ仕事をしている。染谷さんは、そうした第十編の担当者を、長きにわたってつとめられた。つまり、信長に詳しい専門家、ということである。一九九六年、その染谷さんを講師として、本書と同名の講座が、「ＮＨＫ文化セミナー・歴史に学ぶ」という企画のなかに開設された。ひと月に二度ずつ、半年にわたって染谷さんの講義が行なわれ、その模様はラジオでも放送された。本書はこの講座の副読本という位置づけになっているが、本当はシナリオと呼ぶべきもので、本書の文章の通りに講義が行なわれたのだと思われる。全編が話し言葉になっているのはそのためであろう。

信長の専門家である染谷さんが「秀吉の手紙」を講義したわけだが、信長と秀吉の関係（詳しい説明は必要あるまい）を考えれば、信長の専門家はそのまま秀吉の専門家であるといってよい。もちろん、関白となり栄華をきわめてからの秀吉は、信長とその時代からすでに離れた存在である。しかし、本書の構成を見ると、秀吉が関白になるまでに一六の章を充てているのに対し、関白になってからについては五つの章を割いているにすぎない。つまり、秀吉の前半生に、明らかに力点が置かれている。もそういうことであれば、染谷さんが「秀吉の手紙」を講義しても、何の不思議もないわけである。もっとも、第十編の仕事と並行して、秀吉の手紙を網羅的に研究することが、個人としての染谷さんのライフワークであったから、秀吉の後半生に関する講義もお手のものであったはずだ。

さて、市民向けの「文化セミナー」である以上、その内容は一般の皆さんが理解できるものでなくてはならない。そのため、本書を作るに際しては、平易な言葉を使うことに、随分と意が用いられたはずである。そもそも、「秀吉の手紙を読む」という書名に、工夫の跡が感じられる。本書では、いわゆる手紙ばかりではなく、書類（たとえば第一二章の誓約書）や宣言（たとえば第一七章の罪状書）なども取り上げられているのである。それらを総称するものとして文書（もんじょ）という言葉があり、専門家にとっては当たり前の言葉なのだが、一般の皆さんにはわかっていただきにくい。染谷さんも、この言葉を書名に使うことは、控えざるを得なかったのであろう。歴史の研究は、理科系の先端的な研究などに比べれば、専門家と一般の皆さんとを隔てる垣根が低いように思われるのだが、それでもこのようになかなか難しいところがある。

書名と内容のずれについて、もう少し話を続ける。本書の内容は、書名からただちに連想されるものより、はるかに奥が深く実り豊かなのである。「読む」といっても、文書の読み方を手ほどきする教本のようなものとは、本書はまったく異なっている。また、「秀吉の」といっても、秀吉ではない人物の文書も数多く登場する。たとえば第九章では、信長の自筆の手紙について、かなりの行数を費やして論じている。さらに、文書ではない材料も、しばしば引用される。第一一章では、当時のある神主の日記の記事をいくつも示して、秀吉が明智光秀の家臣たちをどのように処遇したか、詳しく明らかにしている。いま思わず「論じている」だの「詳しく明らかに」だのという表現を用いた。しかし、その通りなのである。染谷さんが秀吉とその周辺について課題を見定め、さまざまな史料を駆使して研究したその成果が、本書のいたるところに散りばめられているのである。したがって、専門家が読んでもたいへん面白く、また勉強になる。

第七章の「播磨別所記」奥書の年月日に関する見解や、第九章の信長に仕える書記が秀吉の手紙を書いた話も、染谷さんが研究の成果を披露した部分である。「この点に注目された方はいませんが」

(七三頁)、「これまでにどなたも発言されていませんが」(八五頁)といった表現は、新たな事実を発見したことをアピールする、染谷さんのささやかな自己主張なのである。なお、信長や秀吉に仕えた書記については、第一二章でも重ねて取り上げられており、染谷さんがこの分野に大きな関心を向けていたことがわかる。

なお、先ほど「史料」という言葉を使った。この言葉も一般の皆さんにはなじみが薄いだろうが、文書や日記、それに碑文や絵画なども含めて、歴史を研究する際の材料となるものの総称が「史料」である。そして、それらを慎重に読んで過去の事実を引き出し、史料と史料を組み合わせて歴史の流れをまとめるのが、私たち『大日本史料』担当者の仕事である。ちなみに、使える史料と使えない史料の区別、つまり事実を引き出すことのできる材料と荒唐無稽な作り話でしかないものの区別、これについて染谷さんは冒頭の第一章で特に記している。もちろん、後者は排除しなくてはいけないのであって、目にとまった材料をどんどん取り込むのがよいわけではない。このあたりも専門家としては一般の皆さんにわかっていただきたいところであり、染谷さんもそれをきちんと説明した上で本題に進んでいる。行き届いた配慮であるといえよう。

ところで、本書が書かれたのは、すでに述べたように一九九六年、つまり一七年も前のことである。したがって、染谷さんの文章のなかには、今では古くなってしまった部分もある。足利義昭が「諸国の大名に呼びかけて、反信長勢力の結集に尽力」したという文章(一〇四頁)は、そのひとつの例であろう。最近ではまったく反対に、諸国の大名（朝倉義景や武田信玄など）が義昭に反信長の態度を取らせたのだ、と見る意見が出ているのである。もちろん、歴史は常に書き換えられてゆくものであって、この例も染谷さんに何か非があるという話ではない。

以下に述べることも、染谷さんの能力がどうのということではなく、歴史の研究にはこんな事情もあるのだということを、一般の皆さんに知っていただこうとするものである。

先ほど、史料を読んで事実を引き出すのが私たちの仕事である、と述べた。しかし、史料を読むという作業は、実力が十分ある専門家にとっても、実はなかなか大変なことなのである。同じ日本人が書いた文章ではあっても、なにぶん数百年前の日本語であるから、その真意を隅々まで間違いなくつかむことはきわめて難しい。それゆえ、優れた専門家の仕事のなかにも、史料の誤解や誤読が少なくないのである。本書のなかにも、私は違う読み方をするのだが、と思う箇所がいくつかある。たとえば第一一章に出てくる、秀吉の部下・杉原家次の手紙である。文中に「尽力」という言葉が出てくるのだが、これについて染谷さんは、秀吉が尽力するのだと解釈されている（一一一頁）。しかし、私には、秀吉が杉原に尽力を命じている、つまり尽力するのは杉原であるように読める。もっとも、この程度の違いであれば、どちらの読み方を採っても、歴史が劇的に書き換えられるなどということはない。それでも、この手紙を逐語的に現代語訳しようと思えば、困ってしまうのは事実である。

以上、解説になっているかどうか心もとないが、本書について指摘すべきと思われる点を並べてみた。すでに述べたように、本書は文書の読み方の教本にとどまるものではない。本書の本質と価値はやはり、染谷さんが「秀吉の手紙を読む」という書名を借りてさまざまな研究成果を披露した、まさにそこにあるのだと思う。繰り返しになるが、書名から受ける印象を大きく越える真価を、本書は含んでいるのである。

（東京大学史料編纂所教授）

本書の原本は、一九九六年に「ＮＨＫ文化セミナー・歴史に学ぶ」の一冊として
日本放送出版協会より刊行されました。

著者略歴

一九三九年　千葉県に生まれる
一九六五年　國學院大学大学院修士課程日本史学専攻修了
東京大学史料編纂所所員、同助教授・教授、帝京平成大学教授を歴任
二〇〇三年　没

〔主要著書〕
『織田信長・豊臣秀吉』（ぎょうせい、一九八六年）

読みなおす日本史

秀吉の手紙を読む

二〇一三年（平成二十五）七月一日　第一刷発行

著　者　染谷光廣（そめやみつひろ）
発行者　前田求恭
発行所　株式会社　吉川弘文館
郵便番号一一三—〇〇三三
東京都文京区本郷七丁目二番八号
電話〇三—三八一三—九一五一〈代表〉
振替口座〇〇一〇〇—五—二四四
http://www.yoshikawa-k.co.jp/
組版＝株式会社キャップス
印刷＝藤原印刷株式会社
製本＝ナショナル製本協同組合
装幀＝清水良洋・渡邉雄哉

ISBN978-4-642-06395-1

刊行のことば

現代社会では、膨大な数の新刊図書が日々書店に並んでいます。昨今の電子書籍を含めますと、一人の読者が書名すら目にすることができないほどとなっています。ましてや、数年以前に刊行された本は書店の店頭に並ぶことも少なく、良書でありながらめぐり会うことのできない例は、日常的なことになっています。

人文書、とりわけ小社が専門とする歴史書におきましても、広く学界共通の財産として参照されるべきものとなっているにもかかわらず、その多くが現在では市場に出回らず入手、講読に時間と手間がかかるようになってしまっています。歴史の面白さを伝える図書を、読者の手元に届けることができないことは、歴史書出版の一翼を担う小社としても遺憾とするところです。

そこで、良書の発掘を通して、読者と図書をめぐる豊かな関係に寄与すべく、シリーズ「読みなおす日本史」を刊行いたします。本シリーズは、既刊の日本史関係書のなかから、研究の進展に今も寄与し続けているとともに、現在も広く読者に訴える力を有している良書を精選し順次定期的に刊行するものです。これらの知の文化遺産が、ゆるぎない視点からことの本質を説き続ける、確かな水先案内として迎えられることを切に願ってやみません。

二〇一二年四月

吉川弘文館

読みなおす日本史

江戸の刑罰　石井良助著　二二〇五円

地震の社会史　安政大地震と民衆　北原糸子著　二九四〇円

日本人の地獄と極楽　五来　重著　二二〇五円

幕僚たちの真珠湾　波多野澄雄著　二三一〇円

秀吉の手紙を読む　染谷光廣著　二二〇五円

大本営　森松俊夫著　（続　刊）

日本海軍史　外山三郎著　（続　刊）

史書を読む　坂本太郎著　（続　刊）

歴史的仮名遣い　その成立と特徴　築島　裕著　（続　刊）